6,- €
W0195512

Unseren Freunden und Förderern

PROVINZIAL

Provinzial Brandkasse
Versicherungsanstalt
Schleswig-Holstein

Provinzial Leben
Versicherungsanstalt
Schleswig-Holstein

Vom Postwagen zur Eisenbahn

Kleine Verkehrsgeschichte Schleswig-Holsteins im 19. Jahrhundert

Von Monika Frohriep

Verlag Boyens & Co.

KLEINE SCHLESWIG-HOLSTEIN-BÜCHER · BAND 48

Herausgegeben von den
Provinzial-Versicherungen, Kiel

Wissenschaftlicher Betreuer: Prof. Dr. Dieter Lohmeier

ISBN 3-8042-0809-6

© Westholsteinische Verlagsanstalt Boyens GmbH & Co. KG, Heide, 1998
Alle Rechte, auch die des auszugsweisen oder fotomechanischen Nachdrucks, vorbehalten
Herstellung: Westholsteinische Verlagsdruckerei Boyens GmbH & Co. KG, Heide
Printed in Germany

INHALT

Einleitung

Parallel zur industriellen Revolution fand im 19. Jahrhundert auch eine verkehrstechnische Revolution statt. Sie begann mit einem immer dichter werdenden und besser organisierten Postnetz. Auf befestigten Chausseen wurden Schnellpostwagen eingesetzt. Mit der Ausnutzung der Dampfkraft durch Schiffe und Eisenbahn bekam das Reisen eine ganz neue Qualität. Wetter und Jahreszeit spielten kaum mehr eine Rolle. Viele Unbequemlichkeiten und Gefahren gehörten der Vergangenheit an, Reisen war viel überschaubarer, preiswerter und weniger abenteuerlich geworden. Zeit- und Entfernungsempfinden der Menschen wandelten sich grundlegend.

Im großen und ganzen unterscheidet sich die Geschichte des Verkehrs in Schleswig-Holstein nicht von der anderer Gegenden Europas. Trotzdem hat jede Region Besonderheiten aufzuweisen, abhängig von ihrer Lage, ihrer Landschaft und der Wirtschaftsweise der Bewohner. Dieses Buch gibt einen Einblick, wie die Verhältnisse und Entwicklungen in Schleswig-Holstein aussahen. Es geht darum, was Reisende nach Schleswig-Holstein zog, aber auch um die Verkehrsmittel und -wege und die entstehende Tourismusindustrie. Ein Kapitel beschäftigt sich mit dem neuen Fortbewegungsmittel Fahrrad und mit Radtouren als neuer Form des Reisens. Das Automobil gehört schon nicht mehr zum Thema. Es wurde zwar noch im 19. Jahrhundert erfunden, tauchte auf Schleswig-Holsteins Straßen in nennenswerter Zahl aber erst nach der Wende zum 20. Jahrhundert auf.

Für die Herzogtümer sind zahlreiche und vielfältige zeitgenössische Quellen erhalten, die Auskunft zum Thema Reisen im 19. Jahrhundert geben. Bei den Schriftquellen stehen Reisebeschreibungen und historische Reiseführer im Vordergrund. Die wichtigsten herangezogenen und zitierten Texte sind im Anhang aufgeführt. Als besondere Ereignisse im Leben findet man Bemerkungen über Reisen auch häufig in Lebenserinnerungen, Tagebüchern und Briefen.

Aus der ersten Hälfte des 19. Jahrhunderts gibt es eine ganze Reihe von Reisebeschreibungen. Diese Literaturgattung war damals äußerst beliebt und für viele ein Reiseersatz. Die sehr persönlichen Erfahrungen und Urteile und oft farbigen Situationsschilderungen machen heute ihren besonderen Quellenwert aus. Nach der Jahrhundertmitte stieg die Anzahl der veröffentlichten Reiseführer. Mit praktischen Hinweisen zu Sehenswürdigkeiten, Verkehrsmitteln und Gasthöfen dienten sie denen zur Vorbereitung und Orientierung unterwegs, die sich immer zahlreicher selbst auf den Weg machten. Reiseführer enthalten im Idealfall eine Fülle wissenswerter Fakten über ein Reiseland als Grundlage für viele verschiedene mögliche individuelle Reisen. Als historische Quelle bieten sie einen Überblick über die touristische Infrastruktur zu einem bestimmten Zeitpunkt. Andere wichtige schriftliche Quellen sind Zeitungsanzeigen, z. B. von Gasthäusern, Fahrpläne und Werbeprospekte von Fremdenverkehrsorten.

Eine Flut von zeitgenössischen Bildern macht es möglich, diese schriftlichen Quellen zu illustrieren. Gemälde und graphische Blätter, in der zweiten Hälfte des 19. Jahrhunderts auch Fotografien, zeigen oft mehr oder weniger zufällig interessante Details wie Fahrzeuge, Straßen, Gasthöfe oder den Badestrand. Viele Ortsansichten wurden gezielt als Reiseandenken hergestellt. Angefangen hat es um 1800 mit Kupferstichserien der lieblichen ostholsteinischen Landschaft. Am Ende des 19. Jahrhunderts fand man in den Läden von jedem Ort Schleswig-Holsteins Postkarten mit den wichtigsten Gebäuden und den schönsten Ansichten.

Naturwege und Steindämme

Die Hauptlandstraßen in Schleswig-Holstein am Anfang des 19. Jahrhunderts waren sehr alt. Sie existierten schon seit dem Mittelalter. Von Norden nach Süden führte die Heer- und Handelsstraße von Jütland über Flensburg und Rendsburg nach Hamburg. Von ihr gab es Abzweigungen zu den Städten an Nord- und Ostsee. Viele Nebenwege von Dorf zu Dorf waren in ihrer Linienführung zwischen den Wiesen und Feldern erst im Zuge der Verkoppelung am Ende des 18. Jahrhunderts festgelegt worden. Oft entstanden so Hohlwege zwischen zwei Knicks, in Schleswig-Holstein Redder genannt. Vor der Verkoppelung konnte es passieren, daß die Bauern eines Dorfes nach der Ernte zusammen mit ihrer gemeinsamen Feldflur auch die Wege mit unterpflügten, die dann im folgenden Jahr etwas anders verliefen. Zusätzlich zu den Fahrwegen existierte eine große Anzahl von Fußwegen für den lokalen Verkehr, die etwa einen halben bis einen Meter breit waren und oft eine direktere Richtung einschlugen als die Straße. Sie führten zum Beispiel zur Kirche, zum Friedhof oder Schulhaus.

Abb. 1 Auf der Landstraße nach Husum bei Friedrichstadt. Lithographie nach einer Zeichnung von H. W. Last, 1852.

Abb. 2 Die Eiderfähre bei Friedrichstadt war um 1840 eine von etwa zehn Fähren in Schleswig-Holstein, die Pferdewagen übersetzen konnten. Ungefähr 20 weitere Fährmänner beförderten in kleineren Booten Fußgänger und Reiter. Unter den zahlreichen Straßenbrücken aus Holz und Stein waren die auf der neuen Chaussee von Kiel nach Altona damals die schönsten und dauerhaftesten. Lithographie von Johann Friedrich Fritz, 1833.

Auch wenn oft von Straßen geschrieben wurde – „via strata" ist im Lateinischen die Bezeichnung für einen gepflasterten Heerweg –, handelte es sich bis Mitte des 19. Jahrhunderts von Ausnahmen abgesehen um unbefestigte Naturwege. *„Bei schlechter Witterung fast unbefahrbar"* und nur *„zum Umwerfen und Beinbrechen sehr geschickt"*, lautete kurz und bündig das vernichtende Urteil einer landeskundlichen Beschreibung von 1790. Nur vereinzelt war auf Hauptstraßen, vor allem in Ortsdurchfahrten, vor und nach Brücken oder an Steigungen Steinpflaster gelegt worden. Diese Steindämme, auch Steinbrücken genannt, boten zwar einen festen Untergrund, in den die Wagen bei Regenwetter nicht einsanken, waren durch ihr ungleichmäßiges hartes Pflaster aber eine Belastungsprobe für Pferdehufe und hölzerne Wagenräder. Deshalb verlief neben den Pflasterstrecken gewöhnlich noch ein sogenannter Sommerweg, dessen unbefestigte Fahrbahn bei trockener Witterung weniger holperig war und der den unter schweren Frachtfuhrwerken leidenden Fahrdamm entlastete.

Marsch, Geest und östliches Hügelland, jede der drei Landschaftsformen Schleswig-Holsteins wirkte sich in charakteristischer Weise auf die Beschaffenheit der Wege aus. Typisch für die Marschgebiete an Elbe und Nordsee ist der beständig feuchte schwere schwarze Boden. Der 1843 in Lunden geborene Jurist Johann Christian Kinder schrieb in seinen Lebenserinnerungen: *„Im Winter waren die Marschwege oft so tief und schlecht, daß die Anwohner sie nur auf Pferden reitend passieren konnten und zuweilen wochenlang durch Wasser auf ihren Höfen abgeschlossen von der übrigen Welt verbleiben mußten. Jetzt, da Kunststraßen, Klinkerchausseen, Eisenbahn* *den Verkehr vermitteln, vermag keiner eine richtige Vorstellung von jenen Zuständen zu gewinnen.“*

Genau entgegengesetzt zeigte sich das Hauptproblem auf der Geest: Im Sommer war es zu trocken. Die Wagen fuhren in dem sandigen Boden tiefe Gleise aus, so daß die Kutscher in diesen dünn besiedelten Gegenden neben die Fahrspur auf festen Boden auswichen. Die Folge davon waren immer breitere Trassen, besser gesagt ein Gewirr von Fahrspuren. Wilhelm von Humboldt bemerkte dazu 1796 in seinen Reisenotizen: *„Der Rücken des Landes aber ist kahl, unangenehm, und bei weitem weniger fruchtbar. Besonders ist hier die große Haide, von der wir zwischen Aschberg und Segeberg ein Stück passirten. Weil es schwer seyn würde, auf dieser bloßen Fläche, wo man fast gar keine bezeichnenden Gegenstände sieht, vorzüglich auf dem Schnee im Winter den Weg zu finden, so sind immer einige hundert Schritt weit von einander auf beiden Seiten des Weges große Pfähle aufgerichtet.“* In

Abb. 3 Betrieb auf der Landstraße nach Pinneberg, neben der Fahrbahn verlief ein separater Fußsteig. Lithographie von A. Nay aus dem Jahre 1859.

Abb. 4 Ein unbefestigter Landweg an der Westküste, befahren von einem Bauernwagen – wie im 19. Jahrhundert – aber das Foto stammt von 1938.

der Moränenlandschaft Ostholstein waren die Wege noch am besten, wenigstens in der trockenen Jahreszeit. „*Der Weg in der Probstey ist im Sommer so eben und ohne Anstoß, wie nur immer auf einer Chaussee. Der Boden ist schwer – daher im Sommer fest und trocken; eben so grundlos und unwegsam dagegen in nasser Jahreszeit*", hielt J. Taillefas 1817 fest. Schwieriger wurde es, wenn Steigungen zu überwinden waren oder viele Feldsteine im Untergrund lagen.

1832 wurde in Schleswig-Holstein die erste Chaussee eingeweiht. Standard waren feste Straßenbeläge aber erst um 1900. Deshalb gehörten Klagen über Wegeverhältnisse in Briefen, Reiseberichten und Zeitungen aus dem Anfang des 19. Jahrhunderts auch zum ständigen Repertoire. „*Es sind wahre Marterfahrten, diese sogenannten Wege, mit losen Granitklötzen überstreut,*

Abb. 5 Sandweg auf der schleswigschen Geest, fotografiert im 20. Jahrhundert.

gegen die die Wagenräder anschmettern, jeden Augenblick in Gefahr zerschmettert zu werden. Die unbefestigte Oberfläche dieser Landstraßen soll dadurch entstehen, daß die Bauern die aus dem steinigten Boden – wovon Holstein ja seinen alten Namen trägt – aufgepflügten Steine, in die Wege hineinwerfen dürfen, und es gemächlich den Wagenrädern überlassen, sie einzustampfen. Eben so sind die dem Schein nach gepflasterten Straßen überall mit Sumpfpfützen durchlöchert, holpricht und ausgefahren. Auch in dem bequemsten Wagen läuft man, wegen des beständigen, rastlosen Stoßens, Rüttelns, Schleuderns der darin sitzenden Personen gegen einander, dafür nur ein beständiges krampfhaftes Festhalten an den Handhaben der innern Wagenseiten einigermaßen schützt, die Gefahr eines Rippenbruchs. Erst dann fühlt man sich glücklich und erleichtert, wenn beim Stillehalten zum Füttern der Pferde, gebläuet und durch die Anstrengungen des Festhaltens an allen Gliedern wie verrenkt, man seinen Folterkasten auf eine Viertelstunde verlassen kann." Soweit ein Zitat aus dem Bericht des Hamburgers Friedrich Johann Lorenz Meyer, der im Sommer 1815 das Herzogtum Holstein bereiste.

1830 schrieb ein ungenannter Einsender aus Holstein in den „Provinzialberichten": „*Ein Fremder, der sich gewöhnt hat, die mehrere oder mindere Vollkommenheit des Post- und Poststraßenwesens als einen Maßstab der Landes- und Geisteskultur eines Staates zu betrachten, was muß er für Augen machen, wenn er unsere Holsteinischen Heerstraßen kennen lernt! Denn die abscheulichen Unwege, auf die er überall trifft, die steinigen im östlichen, die sandigen im mittleren, und die morastigen durch die Marschgegenden im westlichen Holstein; die Menge von stehenden Pfützen, von Löchern, von holperigen Stein- und Knüppeldämmen, von elenden, ebenso unwegsamen Brücken, welche uns eben so oft in die damit überlegten Gräben hinein als darüber hinwegführen, die lüderlich zusammengeworfenen Steinlagen, auf welchen man alles Zerklopfen der Steine den Rädern der Wagen und den Hufeisen der Pferde überläßt; die Hohlwege und Abschüsse, in und bei denen man die Pferde hinter den Wagen spannen möchte; die Sandsteppen und Mooräste, in deren Tiefe die Wagen mitsamt ihren Passagieren und Pferden jeden Augenblick zu versinken drohen; die Dämme endlich, welche, um ihre Bestimmung zu erreichen, noch eines zweiten Dammes bedürfen – alles dieses muß den Fremden, der Holstein durchreist, auf den Gedanken bringen, daß er in den uncultiviertesten Gegenden Polens, in Sibirien oder in den afrikanischen Sandwüsten reise.*"

Als dieser Text veröffentlicht wurde, war die Frage der „Wegebesserung" zwar schon seit mehr als 100 Jahren in der Diskussion, aber noch immer nicht befriedigend gelöst. 1784 hatte der dänische König als Landesvater eine vorbildliche Wegeverordnung für Schleswig erlassen, um der schlechten Beschaffenheit der Straßen Herr zu werden. Zuständigkeiten und notwendige Arbeiten sind bis in Einzelheiten genau vorgeschrieben. Trotzdem hatte dieses Gesetz nicht die beabsichtigte Wirkung. Einmal reichte die zugrundeliegende Straßenbautechnik noch nicht aus, um die Fahrbahnoberfläche auf Dauer belastungsfähig zu machen. Zum anderen führten die wegebaupflichtigen Anlieger die vorgeschriebenen Arbeiten oft nur widerwillig und unvollständig aus, weil hier eine zu große zeitliche und finanzielle Belastung von wenigen für das Allgemeinwohl gefordert wurde. In der Amtsrechnung von Hütten aus dem Jahr 1803 hieß es beispielsweise: „*Da der schmale Steindamm im Dorfe, der für die mehrsten Dörfer der Harde der Weg zur Kirche nach Hohn und zur Stadt Rendsburg und von den Reisenden aus Süder- und Norderdithmarschen und Stapelholm gebraucht wird, von der elendesten Beschaffenheit ist, so, daß an dem Abgrunde des Grabens bey Carsten Ehler*

Abb. 6 Eine ausgebaute befestigte Geest-Landstraße mit Seitengräben vor 1914. Foto von Theodor Möller.

Hofstelle und bey der Brücke die Fahrt darüber besonders zur Nachtzeit mit Lebensgefahr verknüpft ist, und alle Befehle, die an die Beykommenden zur Instandhaltung solchen Dammes ergangen sind, nichts gefruchtet haben; so wird, obgleich der Gegenstand zur Competenz der Hausvogtei gehöret, auf die vielen Klagen über die gefährliche Befahrung des besagten Steindammes solcher Umstand von Polizeywegen hier angeführt."

Trotzdem muß sich mit den Jahren doch spürbar etwas getan haben, denn 1847 las man im „Taschenbuch für Reisende": „*Die Wege des Landes sind in der Verbesserung begriffen, die Nebenwege nicht die schlechtesten und in den östlichen adlichen Districten regelmäßig gut. Sehr bequem und gut sind die Fußsteige im Osten und in der Regel lohnend durch malerische und schattige Partien; dennoch ist es besser auch hier, wie in den übrigen Teilen des Landes entschieden, das Land zu Wagen zu bereisen, da die hohen Wälle und Knicke die Aussichten für den Fußgänger zu hemmen pflegen und ihn nur ein lückenhaftes Gemälde auffassen lassen, während man vom Wagen meistentheils über sie hinwegsieht ...*"

Eine andere Schwierigkeit mit den Wegen war die Orientierungsfrage, besonders bei Nacht. Straßenbegrenzungen, Wegweiser, Ortsschilder gab es nur ausnahmsweise. Sogar Einheimische kamen im Dunkeln vom Wege ab. Heinrich Christian Boie, Landvogt Süderdithmarschens aus Meldorf, berichtete am Ende des 18. Jahrhunderts in einem Brief: „*Gestern Abend bei der Rückreise hatten wir ein kleines Abenteuer, das uns sehr belustigte. Mein Vorspann verfehlte den Weg und brachte uns in der Dunkelheit an ein etwas abgelegenes Dorf, wo wir bei dem ersten Licht hielten. Der Vorreiter klopfte an. Es war ein Backhaus, wo eben ein ganzer Haufe von Mägden beschäftigt war. Sie hielten es für Spaß der Knechte, wollten nicht aufmachen. Nach langem Hin- und Herreden kamen sie endlich unter großem Gelächter mit Leuchten heraus, und ihr Erstaunen war wirklich komisch, als sie erst die Kutsche und hernach mich sahen. Nun gings an ein Entschuldigen, aber meine gute Laune stellte auch ihre bald wieder her; sie halfen uns wieder aus dem Dorf hinaus und wieder auf die Heerstraße.*"

Gelegentliches Verirren, auch auf ganz gängigen Routen, gehörte zum Reisen einfach dazu. Emil Pörksen erinnerte sich in seinem Aufsatz über das Schleswig-Holsteinische Verkehrswesen in der Zeitschrift „Die Heimat": „*So hatten noch im Jahre 1837 meine Eltern das Mißgeschick, auf der Reise von Tondern nach Itzehoe, irre gefahren zu werden, so daß sie, die am Spätabend in Itzehoe eintreffen sollten, erst am andern Morgen ankamen.*" Wenn die Orientierung besonders heikel war, ließ man sich von einem ortskundigen Führer den Weg zeigen. Peter Hanson schrieb: „*Ich verweilte etwas in einem ansehnlichen Wirthshause, wo ich aus der städtischen Kleidung der Töchter auf die Nähe Flensburgs schloß. Die Leutlein machten mir bange vor den Gräben und Löchern auf der Heide und drangen mir einen Wegweiser auf. Dieser ritt mit einer großen Laterne im scharfen Trabe voraus, ich hinterdrein. Dadurch ward jedoch nicht dem Unfalle vorgebeugt, daß ich nicht Bein gegen Bein an einen entgegenkommenden Rittersmann stieß. Wir geriethen beide aus dem Steigbügel, und es fehlte wenig, so hätten wir uns auf dem Steinpflaster des Dorfes Bau gebettet; denn daß jener auch in nicht geringer Verlegenheit war, schloß ich aus dem Rufe, womit er den Lauf seines Pferdes aufhalten wollte.*" In dieser einsamen Heidegegend wurden im Januar 1799 an der Landstraße von Flensburg nach Apenrade drei Leuchtfeuer aufgestellt, um den Postwagen den Weg anzuzeigen wie Schiffen auf hoher See.

Auf dem Postwagen

Langsam und unbequem seien die Postwagen, schimpfte das reisende Publikum. Kaum ein Reisebericht ohne diese Klage. Der „Rathgeber für junge Reisende“, erschienen 1793, malte seinen Lesern schreckliche Strapazen aus: *„Wer nur ein Paar Tage und eine Nacht im Postwagen gefahren ist, wird zu allen munteren Gesprächen nicht mehr fähig sein, und alles, was um und neben ihm vorgehet, fängt ihm an, gleichgültig zu werden. Das unbequeme enge Sitzen oft bei schwüler Luft, das langsame Fortrutschen mit phlegmatischen und schlaffen Postknechten, der oft pestilenzialische Gestank unsauberer Reisegesellschafter, das Tabakdampfen und die zotigen schmutzigen Reden der ehrsamen bunten Reisekompagnie lassen uns bald des Vergnügens satt werden und verursachen schreckliche Langeweile und gänzliches Übelbefinden an allen Gliedern. – Wer acht Tage so gefahren ist, wird fast ein anderer Mensch geworden sein: wunderlich, träge, gelähmt am ganzen Körper, wachend wird er schlafen, die Augen eingefallen, das Gesicht aufgedunsen, die Füße geschwollen, der Magen ohne Appetit, das Blut ohne Spannkraft, der Geist abwesend und zerstreut, und wie im Taumel redend.“* Sicher konnte diese Beschreibung wahr werden. Trotzdem, eine Fahrt auf dem Postwagen blieb bis zur Mitte des 19. Jahrhunderts die modernste und schnellste Art zu reisen.

Das System Post war damals schon über 300 Jahre alt. Als Erfinder gilt die Fürstenfamilie von Thurn und Taxis. Im Auftrag von Kaiser Maximilian I. organisierte sie das habsburgische Botenwesen neu. Der Grundgedanke war, entlang der Hauptstraßen in immer gleichem Abstand Posten, also Stationen, einzurichten, an denen regelmäßig zu festen Zeiten verkehrende Reiter und später auch Fuhrwerke ihre erschöpften Pferde gegen ausgeruhte Tiere auswechseln konnten. Ohne Rücksicht auf die Kondition der Pferde nehmen zu müssen, kam man erheblich schneller voran. Für Reisende bedeutete es außerdem, daß zumindest auf den Poststrecken das Reisen kalkulierbar geworden war: Mit Fahrplan, festgelegten Preisen und Rastmöglichkeit in den Posthäusern war eine Infrastruktur da, mit der man rechnen konnte.

Auch in Schleswig-Holstein war eine Botenlinie der Anfang der Postorganisation, 1602 zwischen Hamburg und Kopenhagen eingerichtet. 50 Jahre später wurden auf der Fahrpost die ersten Passagiere mitgenommen. Seit 1762 gab es die Trennung in „ordinäre“ und Extrapost. Der normale Postwagen verkehrte nach Fahrplan und transportierte neben Briefen und Frachtsendungen auch Fahrgäste. Die Extrapost ging zwar auch nur auf bestimmten Strecken, war aber eine wesentlich individuellere und entsprechend teure Art des Reisens. Man mietete Pferde und eventuell auch den Kutscher von der Post, benutzte aber den eigenen vertraut bequemen Wa-

Abb. 7 Ein Holsteiner Wagen mit Lederverdeck, vielleicht von der Post, auf der Landstraße kurz vor Husum. Ölgemälde von Albert Johannsen, um 1806.

gen. Eine Mindestgeschwindigkeit wurde von der Post garantiert. Wer öfter eine Rast einlegen wollte, konnte das natürlich anordnen. Der Kontakt mit unbekannten, vielleicht nicht standesgemäßen Mitreisenden blieb einem erspart. Im Jahr 1794 bekam die Post in Schleswig-Holstein das Monopol für die Personenbeförderung, ein wichtiges Privileg in einer Zeit, in der die Anzahl der zahlungskräftigen Reisenden noch klein war. Im Laufe des 19. Jahrhunderts konnte die Qualität der Postkutschenreise durch verschiedene Neuerungen verbessert werden. Ausschlaggebend waren technische Entwicklungen beim Straßenbau und bei der Konstruktion von Wagen, aber auch die Einrichtung neuer Strecken, Erhöhung der Frequenz und Straffung der Betriebsorganisation. Mit der Einführung der Eisenbahn verloren parallel laufende Postlinien ihre Bedeutung. Einige Personenposten erhielten Anschluß an die Eisenbahn. Auf manchen Strecken fuhren noch bis zum Beginn des 20. Jahrhunderts Postkutschen, abgelöst schließlich durch leistungsfähigere Kraftfahrzeuge.

Um 1800 gab es in Schleswig-Holstein 45 Poststationen. Einmal in der Woche fuhr ein Postwagen von Altona über Bramstedt, Neumünster, Nortorf, Rendsburg, Schleswig und Flensburg nach Apenrade. Von Altona nach Husum kam man über Pinneberg, Elmshorn, Itzehoe, Meldorf, Heide, Lunden und Friedrichstadt. Zweimal wöchentlich ging eine Tour von Kiel aus über Preetz, Plön, Segeberg, Oldesloe, Ahrensburg und Wandsbek nach Altona. Außerdem durchquerte die Hamburg-Kopenhagener Post die Herzogtümer jede Woche zweimal. Reisemöglichkeit mit der Post war also nur selten und auf wenigen Strecken organisiert. Wenn man bedenkt, daß auf einem Postwagen höchstens sechs Personen sitzen konnten, wird deutlich, wie gering das Beförderungsangebot noch war.

Wie ging eine Fahrt mit der Ordinari-Post vor sich, zum Beispiel von Altona nach Kiel? An bestimmten Tagen konnte man sich im Posthaus für die gewünschte Tour einschreiben lassen, das heißt, man bezahlte sein Einschreibegeld und bekam dafür eine Quittung mit der Nummer des Sitzplatzes auf dem Wagen. Unterwegs waren dann noch Gebühren an den Postillon und die Litzenbrüder – so hießen die Gepäckträger – zu entrichten. Der Tarif wurde nach Entfernung berechnet, für jede Meile 10 Schillinge, Kinder die Hälfte und 50 Pfund Gepäck frei. Am Tag der Abreise hatte man sich eine Viertelstunde vor Abfahrt am Posthaus einzufinden.

Die Postwagen waren in den meisten Fällen offen, sogenannte Stuhlwagen oder holsteinische Kürwagen, ungefedert mit Seitenwänden aus Korbgeflecht. Die Sitzbänke, Wagen- oder Chaisenstühle genannt, wurden an Ketten bzw. Lederriemen in das Wagengestell eingehängt. Die Wagenstühle hatten Seiten- und Rückenlehnen, manchmal gab es auch kleine Strohkissen. Man kletterte auf seinen Sitz, und ab ging die Fahrt. Für den Schutz vor Wind und Wetter mußte jeder Mitreisende selbst sorgen, mit Hut und Mantel. Wenn man Glück hatte, gab es ein Verdeck zum Hochklappen. Briefe und Pakete waren mit einer Decke oder einem Leder geschützt. *„Hoch auf dem gelben Wagen"* fuhr man in Schleswig-Holstein erst später.

Im Vergleich zu Süddeutschland, wo geschlossene, gefederte Postwagen bereits üblicher waren, hatte die Postbeförderung in den Herzogtümern auch einen entsprechend schlechten Ruf beim reisenden Publikum. Im Sommer 1792 unternahm der Bremer Senator A. G. Deneken eine Vergnügungsreise nach Holstein. In seinem Tagebuch notierte er über die Schleswig-Holsteinische Fahrpost: „ *... setzten wir uns des Morgens um 6 Uhr auf den Stuhlwagen, ein hier sehr gewöhnliches Fuhrwerk. Er ist leicht und gesellschaftlich: – außer dem Fuhrmann und einem Bedienten können sechs Personen darauf sitzen, und über den hintersten Stuhl kann ein Verdeck zum*

Abb. 8 Das ehemalige „dänische" Posthaus in Segeberg im Jahr 1930.

Abb. 9 Karikatur eines dänischen Postwagens: langsam und völlig überfüllt zockelt er durch eine eintönige Landschaft, und der Postillon stößt kräftig ins Horn. Radierung aus dem 18. Jahrhundert.

Schutz gegen den Regen gespannt werden. So bequem dieses Fuhrwerk auf ebenen Wegen auch ist, so fürchterlich stößt es dennoch auf Steinstraßen, weil der Wagen in keinen Riemen hängt."

Die Post garantierte ihren Passagieren eine Mindestgeschwindigkeit, so daß jeder ungefähr ausrechnen konnte, wann der Bestimmungsort erreicht sein würde. Weil die noch unbefestigten Wege im Sommer sehr viel besser befahrbar waren als im Winter, gab es unterschiedliche Zeitvorgaben: Vom 1. Mai bis Michaelis, also dem 29. September, mußte der Postillon die Meile in $^5/_4$ Stunden schaffen, in der feuchten Jahreszeit rechnete man eine Viertelstunde mehr. Eine Meile (von lateinisch „milia passuum", was soviel wie tausend Doppelschritte bedeutet) war umgerechnet eine Strecke von etwa $7^1/_2$ Kilometern.

Ganz ehrlich steht in den Postbestimmungen der Zusatz, daß die Wagen in besonders dunklen Nächten und aus anderen Gründen manchmal langsamer fuhren. Ein Wanderer mit forschem Schritt ging also fast genauso schnell. „*Heute morgen um $6^1/_2$ Uhr verließen wir Lübeck und folgten der geraden Landstraße durch das Kirchdorf Krummesse, durch Bliesdorf und das langeweilige, $^1/_2$ Meilen immer bergan sich erstreckende Kasdorf nach*

Klein Klinkrade, und erreichten von hieraus über Labenz über das Kirchdorf Sandersleben und Wendtorf das Posthaus von Schönberg, der Hälfte Weges von Lübeck nach Hamburg. Erst eine Stunde früher hatten die Wagen, die diesen Morgen vor uns Lübeck verließen, Schönberg erreicht." Dieses Zitat stammt aus dem Tagebuch einer Gruppe von Fußwanderern, die 1817 unterwegs waren.

Wenn an einem Posthaus Station gemacht wurde, das sich nachts schon von weitem durch das freundliche Licht einer Laterne ankündigte, erwartete die Reisenden zumindest eine geheizte Stube, in der sie sich aufwärmen konnten. Hielt der Wagen an einer Extrapoststation, war auch eine Mahlzeit und ein Bett zu bekommen. Wer an einem Sommermorgen um 6 Uhr von Altona abgefahren war, konnte damit rechnen, gegen 11 Uhr nachts in Kiel einzutreffen. Schneller ging es nur mit der Extrapost, die eine Meile in einer Dreiviertelstunde schaffen sollte. Für diesen Luxus mußte man aber auch mindestens dreimal soviel ausgeben: Jedes Vorspannpferd kostete 16 Schillinge pro Meile, und zwei Tiere brauchte man schon. Daß sich bei diesen Preisen nur wenige eine Fahrt mit der Post leisten konnten, bestätigt die Statistik: Um 1830 wurden von der gewöhnlichen und der Extrapost zusammen nur etwa 2700 Personen in einem ganzen Jahr befördert.

Wenn man in die Dienstvorschriften für Schleswig-Holsteinische Postillone aus dem 19. Jahrhundert sieht, steht zwischen den Zeilen, daß eine Postkutschenfahrt nicht ohne Risiko war. Ein Postillon mußte mindestens 18 Jahre alt, freundlich und hilfsbereit, darüber hinaus „*im Fahren geübt und der Wege kundig sein*". Bis in die zweite Hälfte des 19. Jahrhunderts war ein flächendeckendes, einheitliches System von Ortsschildern und Wegweisern unbekannt. So passierte es Reisenden vor allem bei Nacht, daß sie vom rechten Wege abkamen. Die Post war davon nicht ausgenommen. Auf Steinpflaster mußte der Wagen besonders vorsichtig gefahren werden, damit er durch das harte Schlagen nicht beschädigt wurde. Gelegentlich müssen unbestellte Felder besser befahrbar als der Weg gewesen sein – jedenfalls durften die Postillone mit amtlicher Erlaubnis über das private Ackerland ausweichen, falls der Weg zu schlecht war.

Ein besonderes Erlebnis für Binnenländer wie Friedrich Johann Lorenz Meyer stellte eine Ausweichmöglichkeit bei Haffkrug dar, die Postwagen von Eutin nach Travemünde gelegentlich dem regulären Weg vorzogen. „*Der Weg führt hinab hart an das Gestade des Golfs, den sie* [die Ostsee] *hier, links von Neustadt bis rechts nach Travemünde bildet. Die Fahrt geht selbst durch ihre Brandung hin. Die Postillione nämlich ziehen bei ruhigem Wetter den festen Strandboden des Meeres dem tiefen Sandweg am Ufer vor, und so rollt auf den Watten der Wagen leicht und sanft, bespült von den Wellen, umgaukelt von Tausenden der schönen Krystallscheiben der regen Medusen* [=Quallen] ..."

Abb. 10 Eine der letzten Postkutschen auf einer Postkarte vom Bahnhof Itzehoe um 1900.

Wenn der Postwagen umkippte, mußte der ungeschickte Kutscher Geldstrafe zahlen. Hatte er umgeworfen, weil er auf dem Bock eingeschlafen war oder getrunken hatte, konnte sein Mißgeschick noch härter bestraft werden, mit Gefängnis. Schließlich war es für die Reisenden lebensgefährlich, unter herabstürzendem Gepäck und dem schweren Wagen begraben zu werden. In jedem Postwagen mußten Stellmacherwerkzeuge und Ersatzteile liegen, damit kleinere Beschädigungen unterwegs ohne fremde Hilfe repariert werden konnten. Vorgeschrieben waren Beil, Schraubenschlüssel, Kneifzange, Bohrer, Reserve-Rungen, Nägel, Taue, Holz und Wagenschmiere. Um in der Finsternis nachzusehen, was passiert war, hatte man eine Handlaterne dabei.

Straßenräuber wurden auch im 19. Jahrhundert noch gefürchtet, obwohl die Zeiten im Vergleich zu früheren Jahrhunderten bedeutend sicherer geworden waren. 1820 wurde eine Verordnung erlassen, daß bewaffnete Begleitung notwendig sei, wenn ein einzelner Postwagen nachts beladen mit Geld oder Wertsachen ohne männliche Passagiere an Bord auf der Landstraße fuhr. In einem etwa zeitgleichen Reisebericht von Johann Stephan

DILIGENCEN zwischen Lübeck und Hamburg.

1) **Vom 1. July 1841** an wird eine, vorläufig einmal täglich stattfindende Diligence-Verbindung zwischen **Lübeck** und **Hamburg** eingerichtet.

2) Abgangszeit derselben: von **Lübeck** um 6 Uhr Morgens.
von **Hamburg** um 7 Uhr Morgens.

3) Die Beförderung geschieht auf völlig chaussirtem Wege und, ungewöhnliche Ereignisse vorbehalten, mit Einschluß des Aufenthalts auf den Stationen und an den Zollstätten, in 6 Stunden 45 Minuten.

4) Ein Pferdewechsel findet zu **Oldesloe**, und bis die Fahrt auf die **Ahrensburger** Chaussee verlegt werden kann, auf dem **Ochsenzoll** statt.

5) Auf diesen Zwischen-Expeditionen werden gleichfalls Reisende aufgenommen. Die Aufnahme von Reisenden an andern auf der Route belegenen Orten kann nicht gestattet werden.

6) Die Diligencen enthalten in 3 Abtheilungen 12 bedeckte, und außerdem 3 unbedeckte Plätze, nämlich:
6 Plätze in der Kutsche,
3 do. im Vorder-Coupé,
3 do. im Hinter-Coupé,
3 do. mit wohlgepolstertem Sitz- und Rücklehne- und Spritzleder versehene unbedeckte Plätze auf dem Vorder-Coupé.
Ein jeder dieser Plätze ist mit einer Nummer versehen, und wird die Nummer, welche der Reisende genommen, auf seinem Personenschein bemerkt.

Jede einzelne Abtheilung des Wagens kann von Reisenden genommen werden, und ist weder die Unternehmung, noch sind die Mitreisenden berechtigt, auf einen in einer solchen Abtheilung leerbleibenden Platz Anspruch zu machen; indessen darf derselbe nicht zur Beförderung von Gepäck benutzt werden.

7) Die Diligencen werden durch einen bedeckten, zur Fortschaffung des Gepäckes der Reisenden bestimmten Fourgon begleitet, auf welchem sich ein unbedeckter Platz für einen Reisenden befindet.

8) Alle Waaren und Frachtgüter sind von der Beförderung mit diesen Fourgons ausgeschlossen, und das Gepäck der Reisenden darf nur in Koffern, Felleisen, Mantelsäcken, Reisetaschen, Hutschachteln und dergleichen bestehen, und muß jedes einzelne Stück deutlich mit dem Namen des Reisenden und des Bestimmungsortes versehen seyn.

Ein jeder Reisende kann bis 200 Pfund an Passagiergut mit sich führen.

9) Sollten sich zu einer Reise mehrere Personen melden, als die Diligence und der Fourgon aufnehmen können, so werden diese durch, von der Unternehmung zu stellende und mit der Diligence gleichzeitig abgefertigte, bedeckte Bei-Chaisen befördert.

10) Für einen Platz innerhalb der Diligence und in den Bei-Chaisen wird inclusive der Schreibgebühr und des Litzgeldes für die Reise zwischen **Lübeck** und **Hamburg** . . . . Ct. Mark 7. — ßl. bezahlt.

Für die Außenplätze auf der Diligence, so wie für den Platz auf dem Fourgon beträgt das zu zahlende Passagiergeld mit Einschluß der Schreib- und Litzgebühren . . . . . Ct. Mark 5. — ßl.

Auf und nach den Zwischenstationen beträgt das Personengeld für die Plätze innerhalb der Kutsche . . . . Ct. Mark — 12 ßl. pr. Meile,
und auf den Außenplätzen der Diligence, so wie für den Platz auf dem Fourgon . . . . Ct. Mark — 10 ßl. pr. Meile.

Außerdem haben die Reisenden, welche sich zu Lübeck oder Hamburg für eine Zwischen-Station, oder auf einer Zwischen-Station für eine der beiden Städte einschreiben lassen, bei Lösung ihres Personenscheins 4 ßl. Schreibgeld und 6 ßl. Litzgeld zu zahlen. Von Zwischen-Station zu Zwischen-Station wird 4 ßl. Schreibgeld und 4 ßl. Litzgeld bei der Einschreibung der Reisenden entrichtet.

11) Jeder Reisende hat 30 Pfund an Gepäck frei, für das Uebergewicht wird vor der Abfahrt bei Fahrten unter 5 Meilen . . . . [illegible] ßl. pr. Pfund und bei Fahrten von 5 Meilen oder darüber . . . . . . [illegible] ßl. pr. Pfund bezahlt.

12) Der Werth des Gepäckes kann (jedoch mit Ausnahme von baarem Gelde und von Werthpapieren) bis zum Betrag von 500 Thaler Cour. declarirt werden, und wird in diesem Falle, wenn das Gepäck ohne Schuld des Reisenden von der Post abhänden kommt, erstattet.

Findet eine solche Werth-Declaration statt, so werden die 30 Pfund Freigewicht bei Berechnung des Porto's nicht in Abzug gebracht und wird überdies ein Aufschlag-Porto von 6 ßl. für jede 100 Thaler Werth entrichtet; auch haben die Reisenden einen mit 4 ßl. zu bezahlenden Postschein zu lösen, ohne dessen Rückgabe das Gepäck mit Werth-Angabe nicht wieder von ihnen entgegengenommen werden kann.

13) Das Gepäck des Reisenden, welches mehr als 30 Pfund wiegt, muß mindestens 2 Stunden, das Frei-Gepäck mindestens 1 Stunde vor der Abfahrt an die Postbeamten geliefert werden. Werth-Declarationen können nur ausgestellt werden, wenn die Ablieferung des Gepäckes 2 Stunden vor der Abfahrt erfolgt ist. Geschieht die Abfahrt in der Nacht, oder vor 8 Uhr Morgens, so muß die Ablieferung des Gepäckes vor 8 Uhr des vorhergehenden Abends erfolgen, widrigenfalls es sich der Reisende selbst zuzuschreiben hat, wenn sein Gepäck bis zur nächsten Fahrt liegen bleibt.

14) Der Transport des Gepäcks nach und von der Post, wird durch die Officianten der Post, ohne Zahlung weiterer Gebühren besorgt, jedoch nur innerhalb der Städte selbst. Der Reisende hat deshalb bei der Einschreibung den Ort anzugeben, wo sein Gepäck abgeholt werden soll. Es steht indessen den Reisenden frei, selbst für die Beförderung ihres Gepäckes zu sorgen.

15) Es wird den Reisenden gestattet, ihre Mäntel, Oberröcke, Schirme, Stöcke, Arbeitsbeutel, Brieftaschen, Portefeuilles und dergleichen mit sich in die Diligence zu nehmen, doch dürfen diese Gegenstände keinen die Mitreisenden belästigenden Raum einnehmen, in welchem Fall sie von dem Expeditions-Beamten oder dem Conducteur zur Aufnahme in den Fourgon zu verweisen sind. Für diese von den Reisenden selbst mitgenommene Gegenstände übernimmt die Post keine Verantwortlichkeit.

16) Der für eine jede Reise zu lösende und sofort zu bezahlende Personenschein ist nur für die in demselben benannte Person, den darin bemerkten Platz, und für die Fahrt gültig, für welche er ausgestellt ist. Rückgabe des Postgeldes findet nicht statt, wenn der Reisende seine Reise aufgiebt, verschiebt, oder sich erst nach der Abfahrt der Diligence einfinden sollte.

17) Wenn ein Reisender etwa von dem bezahlten Platze nicht bis zu dem Orte, wohin er sich hat einschreiben lassen, Gebrauch machen will, so kann er nicht über diesen Platz verfügen, sondern es fällt derselbe der Post anheim.

18) Die Inhaber von Außenplätzen können nur dann auf leere Plätze im Innern der Diligence Anspruch machen, wenn sie auf den Zwischen-Stationen den Mehrbetrag dieses Platzes erlegt haben, und dieses auf dem Personenbillet nachgetragen ist, und dadurch nicht die Stellung einer Bei-Chaise nothwendig wird.

19) Der Reisende hat sich wenigstens ½ Stunde vor Abgang der Diligence im Posthause einzufinden. Unterwegs ist das Ein- und Aussteigen, ohne von der Post-Expedition vor der Abfahrt ertheilte besondere Erlaubniß, nur auf den Zwischen-Stationen gestattet.

20) Kranke können zur Fahrt in der Diligence nicht zugelassen werden, Kinder unter 3 Jahren nur in Begleitung erwachsener Personen, und auch nur dann, wenn eine ganze Abtheilung genommen wird. In diesem Fall werden 2 Kinder unter 10 Jahren für 1 Person, 3 Kinder für 2 Personen, und 4 Kinder für 3 Personen gerechnet.

21) Die Mitnahme von Hunden ist nicht zulässig.

22) Das Rauchen kann nur gestattet werden, wenn in derjenigen Abtheilung, wo einer der Passagiere zu rauchen wünscht, die andern nichts dagegen einwenden. Auf die desfalsige Beschwerde eines der Reisenden, ist der Conducteur verpflichtet, das Rauchen zu verhindern.
Auf den Außenplätzen ist das Rauchen gestattet.

23) Bei der Abfahrt von denjenigen Stationen, wo ein Aufenthalt gestattet ist, haben die Passagiere bei dem gegebenen Zeichen mit dem Posthorn sich zur Abfahrt fertig zu machen, und nach erfolgter Aufforderung des Conducteurs ihre Wagenplätze unverzüglich wieder einzunehmen, und haben es sich im entgegengesetzten Fall allein beizumessen, wenn die Reise ohne sie fortgesetzt wird.

24) **Das Fordern von Trinkgeldern ist unbedingt untersagt.**

25) Die für die Reisenden mit der Diligence erlassenen Bestimmungen sind gleichfalls für die mit den Bei-Chaisen beförderten Passagiere gültig.

26) Es befindet sich auf jeder Post-Station ein Beschwerde-Buch zur Aufnahme der etwanigen Beschwerden der Reisenden.

Hamburg, den 1. July 1841. **Lübeck**, den 1. July 1841.

Königlich Dänisches Ober-Post-Amt. **Post-Departement.**

Gedruckt bei J. H. Meßler und Meile.

Abb. 11 Plakat mit Abfahrtszeiten, Tarif und Beförderungsbestimmungen für die vom 1. Juli 1841 an zwischen Lübeck und Hamburg verkehrenden Schnellpostwagen.

Schütze heißt es über den sogenannten „Riesenbusch“ bei Schwartau: „*Dieser Busch war ehemals und noch vor 20 Jahren ein großes dichtes und dickes Gehölz und eine für Reisende gefährliche Straße. Es hatte sich eine Horde Räuber und Buschklepper dort gelagert, die eine Zeitlang viel Unfug durch Straßendieberei trieben. Die Stadt Lübeck vereinte sich mit dem Eutiner Hofe, um dem Unwesen Einhalt zu thun. Eine gemeinschaftlich beorderte Mannschaft ließ man an- und in den Riesenbusch einrücken und bald war die zahlreiche Bande Gesindels aufgehoben. Ein Theil der letzteren, wahrscheinlich die Anführer, ward an Leib und Leben bestraft, und ein Theil ward unter das Militair enrollirt. Auch ließ man wohlweislich zu mehrerer und künftiger Sicherheit das stellenweise allzu dicke Gehölz und Krattbuschwerk aushauen und lichten, und seitdem reiset man durch den Riesenbusch so sicher und sitzt zu Wagen und schaut umher in der Gegend, als säße man in Abrahams Schooß und schaute ins Paradies.*“

Mit der Indienststellung von sogenannten Eilwagen oder Diligencen (im Französischen soviel wie Fleiß, Eifer) trug die Post dem steigenden Bedürfnis ihrer Kunden nach schneller und pünktlicher Beförderung Rechnung. Eine Voraussetzung dafür war der Ausbau der benutzten Landstraßen als Chausseen, weil auf ebenen Fahrbahnen überhaupt erst höhere Geschwindigkeiten gefahren werden konnten. Im Verein mit einer Reihe technischer und organisatorischer Verbesserungen wurden die Fahrzeiten um die Hälfte reduziert – oder andersherum: Die Durchschnittsgeschwindigkeit von ungefähr 5 auf 10 km/h erhöht. Die Wagen wurden mit Stahldruckfedern ausgerüstet, der Halt an den Stationen verkürzt und die verschiedenen Gebühren zu einem festen Fahrpreis zusammengefaßt, der im voraus bezahlt werden mußte. Jetzt hieß es: „*Der Reisende muß sich präcise einfinden, indem die Diligence sich nach keinem aufhält*“ – heute bei der Benutzung öffentlicher Verkehrsmittel eine Selbstverständlichkeit.

Erst 1820 war in Schleswig-Holstein überhaupt eine einheitliche Uhrzeit im Postbetrieb festgelegt worden, nach der die tragbaren Uhren der Postillone gestellt wurden. Vorher gab es für die Reisenden nur sehr grobe Angaben über die Abfahrts- und Ankunftszeiten der Postwagen: nachts, morgens, mittags, nachmittags und abends. Hatte sich das Publikum vorher über die Langsamkeit und Unpünktlichkeit der Post beschwert, erhoben sich nun erste kritische Stimmen, die über Hetze im Reiseverkehr klagten. In Schleswig-Holstein fuhr eine Schnellpost jede Woche von Altona nach Kiel, passend zu den Abfahrtszeiten des Dampfschiffes Kiel – Kopenhagen. Der Eilwagen war größer als herkömmliche Postwagen und bot 12 Personen Platz.

Als 1832 die Chaussee auf dieser Strecke fertig geworden war, hatte die Eilpost optimale Bedingungen und fuhr täglich.

Kunststraßen

Seit der Mitte des 18. Jahrhunderts baute man in Europa Landstraßen zu Chausseen aus. Frankreich und England hatten dabei die Vorreiterrolle. Die wirtschaftliche Bedeutung guter Straßen war mit beginnender Industrialisierung erkannt und parallel dazu die Straßenbautechnik und -organisation weiterentwickelt worden. „Kunststraße" war der deutsche Ausdruck für das französische „Chaussee". Damit wurde eine ausgebaute, mit fester Fahrbahndecke versehene Landstraße bezeichnet. Lange verwendete man das heute veraltete Wort „Chaussee" gleichbedeutend mit Landstraße.

In Schleswig-Holstein wurde 1830/32 zuerst der Weg von Altona nach Kiel „*kunstmäßig*" ausgebaut. Kapital und qualifiziertes technisches Personal stellte der dänische Staat. Für die Ausführung der umfangreichen Erdarbeiten mit der Hand brauchte man Hunderte von Tagelöhnern. Als Vorbild für die Bautechnik wurde ein Verfahren ausgesucht, das der schottische Ingenieur John L. Macadam (1756–1836) entwickelt hatte. Seine Vorstellung war, daß der natürliche Untergrund schwere Fuhrwerke tragen müsse, wenn er trocken genug sei. Dazu waren Wassergräben an beiden Seiten des Weges und ein wasserdichter Belag auf der ebenen, leicht gewölbten Fahrbahn notwendig. Eine wasserdichte Decke ließ Macadam aus zerschlagenen Steinen herstellen, die in mehreren Schichten mit unterschiedlicher Körnung auf die vorbereitete Fahrbahn gestreut, gewalzt und geharkt wurden. Nach ihm hieß diese Bauweise auch „Makadamisieren", die Oberfläche aus Steinschlag „Makadam".

Im Zusammenhang mit diesem Chausseeprojekt wird deutlich, wie wichtig eine gute Verkehrsanbindung für die Geschäfte der Einwohner Schleswig-Holsteins bereits in der ersten Hälfte des 19. Jahrhunderts war. Die Frage, welche Orte eine neue Kunststraße von Norden nach Süden berühren sollte, war Gegenstand einer öffentlich in Zeitschriften und Sonderdrucken geführten Diskussion. Eine Linienführung im Osten des Landes würde den Absatz der dort erzeugten landwirtschaftlichen Produkte nach Altona und Hamburg erleichtern. Vorgeschlagen wurde eine Trasse von Kiel über Preetz, Plön, Segeberg, Oldesloe nach Altona bzw. Hamburg. Engagierte Ostholsteiner versuchten vergeblich, die Bausumme durch Aktienzeichnung aufzubringen. Von der dänischen Regierung wurde die kürzeste Verbindung von Kiel nach Altona über den Geestrücken favorisiert. Neumünster und Bramstedt boten unentgeltliche Landabtretungen und Materiallieferungen an, wenn sie von der Chaussee berührt würden. Das städtische Handwerk und frühe industrielle Betriebe brauchten geeignete Verkehrswege für den Absatz ihrer Waren auf entfernten Märkten. Später bei den Eisenbahnprojekten, als die Industrialisierung weiter fortgeschritten und Betriebe auf den Bezug von Rohstoffen und den Export von immer größe-

Abb. 12 Blick vom „Rondeel“ in Kiel nach Süden auf die neue Kiel-Altonaer Chaussee: Die Straße war 12 dänische Meilen und 32 Fuß lang, die Fahrbahn 21 Fuß breit mit einer $19^1/_2$ Zoll dicken Decke aus zerschlagenen Steinen, 11 Fuß breite Banketts an den Seiten dienten als Fußweg und Lagerplatz für Ausbesserungsmaterial. Lithographie von 1833.

ren erzeugten Warenmengen angewiesen waren, bedeutete der Eisenbahnanschluß für eine Stadt die Grundlage einer glücklichen Entwicklung. Gastwirte, Fuhrleute und Handwerker wie Stellmacher und Sattler verdienten ganz direkt am vorbeiziehenden Verkehr. Die neue Chaussee sollte in großen Teilen der alten Landstraße von Kiel nach Altona folgen. Deshalb war es notwendig, während der Dauer größerer Erdarbeiten strapazierfähige sowie unkomplizierte Umleitungen für den Post- und Frachtverkehr zu schaffen. Die Straßenbauer berücksichtigten bei deren Planung die wirtschaftliche Bedeutung der Landstraßen für ihre Anlieger. Der Verkehrsstrom mußte auf Nebenwegen oder Interimstrassen neben dem Chausseebau dieselben Orte wie sonst auch berühren, um wirtschaftliche Einbußen für die Einwohner zu vermeiden.

Im „Holsteinischen Tourist“, einem Mitteldling aus Reisebeschreibung

Abb. 13 Direkt neben der Landstraße hockt ein Steinklopfer hinter einem Wetterschutz und zerschlägt Steinbrocken in die richtige Größe als Fahrbahnbelag. Foto von Theodor Möller, vor 1914.

und Reiseführer, der etwa gleichzeitig mit der Eröffnung der Kiel-Altonaer Chaussee erschienen ist, fand der reiselustige Leser lobende Worte über das Bauwerk: „*Indeß hier mag bemerkt werden, daß seitdem wir hier gewesen sind, die neue Kunststraße von Kiel nach Altona angelegt ist, wodurch der Reisende in dieser Gegend aller etwaigen Weg-Beschwerden enthoben ist. Ist übrigens diese Straße erst vollendet, wird sie ein herrliches Denkmal, von der Sorgfalt des Fürsten für sein Volk sein!*" Die neue Kunststraße als Sehenswürdigkeit technischer Art, deren Besichtigung man sich nicht entgehen lassen durfte. Weil es das erste Projekt dieser Art in Schleswig-Holstein war, hatte man der Straße und ihren Einrichtungen eine einheitliche Gestaltung gegeben, ästhetisch und repräsentativ: Am Anfangspunkt in Kiel, an der Ga-

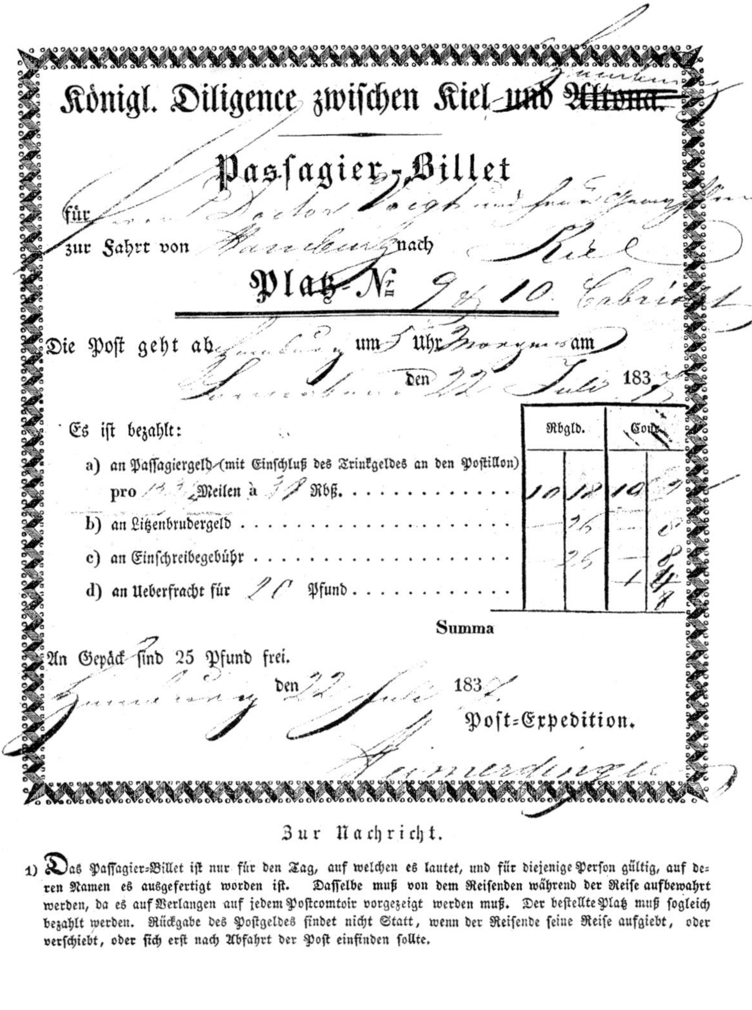

Königl. Diligence zwischen Kiel ~~und Altona.~~

Passagier-Billet

für

zur Fahrt von nach Kiel

Platz № 9 & 10.

Die Post geht ab um 5 Uhr am

den 22 Juli 1837

Es ist bezahlt:

	Rbgld.		Cour.	
a) an Passagiergeld (mit Einschluß des Trinkgeldes an den Postillon) pro Meilen à Rbß.	10	18	10	
b) an Litzenbrudergeld				
c) an Einschreibegebühr				
d) an Ueberfracht für 20 Pfund				
Summa				

An Gepäck sind 25 Pfund frei.

den 22 Juli 1837.

Post-Expedition.

Zur Nachricht.

1) Das Passagier-Billet ist nur für den Tag, auf welchen es lautet, und für diejenige Person gültig, auf deren Namen es ausgefertigt worden ist. Dasselbe muß von dem Reisenden während der Reise aufbewahrt werden, da es auf Verlangen auf jedem Postcomtoir vorgezeigt werden muß. Der bestellte Platz muß sogleich bezahlt werden. Rückgabe des Postgeldes findet nicht Statt, wenn der Reisende seine Reise aufgiebt, oder verschiebt, oder sich erst nach Abfahrt der Post einfinden sollte.

19/1418

Abb. 14 Ein Fahrschein für den Schnellpostwagen, ausgestellt am 22. Juli 1837. Herr Dr. Voigt reiste damit in Begleitung seiner Ehefrau von Hamburg nach Kiel.

Abb. 15 Bis 1914 war Schleswig-Holstein von einem dichten Chausseenetz durchzogen.

Abb. 16 Die Kiel-Altonaer Chaussee bei Brokenlande auf einer Postkarte aus dem Jahre 1898.

belung der Landstraßen nach Altona und Lübeck, wurde ein Rondell angelegt und in dessen Mitte ein Obelisk aufgerichtet. Er steht heute noch an dieser Stelle und erinnert an den Bauherrn: „*FRIDERICUS VI HANC VIAM STERNENDAM CURAVIT. MDCCCXXX.*", also: Friedrich der Sechste hat für den Bau dieser Straße gesorgt, 1830. Große Meilensteine und etwas kleinere Halbmeilensteine aus Granit zeigten an, an welcher Stelle man sich auf der Straße zwischen Kiel und Altona befand. Wo andere Landstraßen abzweigten, wurden Wegweiser aufgestellt. Die Brücken waren mit dem königlichen Wappen versehen, und alle neuerrichteten Wohn- und Diensthäuschen der Straßenwärter und Wegegeldeinnehmer hatten das gleiche Aussehen.

Mit der Einweihung der Kiel-Altonaer Chaussee am 1. Januar 1832 brachen für Reisende in Schleswig-Holstein neue Zeiten an. Auf der Steinschlagbahn kamen Post- und Frachtwagen reibungsloser voran. Die Diligence brauchte statt vorher 16 Stunden nur noch etwa die Hälfte der Zeit und wurde täglich eingesetzt. Auch einfache Wochenwagen schafften die

Strecke jetzt an einem Tag. Ein Pferd konnte auf der Chaussee dreimal soviel ziehen wie auf einer unbefestigten Landstraße. Neu war aber auch, daß für die Chausseebenutzung Wegegeld bezahlt werden mußte. Nach jeder Meile, etwa 7,5 Kilometern, stand man vor dem geschlossenen Schlagbaum des nächsten Einnehmerhauses, der sich nicht eher öffnete, bis die Gebühr bezahlt war. Der Tarif richtete sich nach der Anzahl der vorgespannten Pferde und dem Gewicht des Wagens. Auch Reiter wurden zur Kasse gebeten. Fußgänger waren frei. Wegegeld hatte es vorher nur für Frachtwagen mit Transitwaren gegeben, weil sie die größten Schäden an den Wegen verursachten. 1875 wurde das für den Unterhalt der Kunststraßen verwendete Chausseegeld wieder abgeschafft.

Neu war auch, daß für die Benutzer der Chaussee Regeln aufgestellt wurden, eine Straßenverkehrsordnung zum Schutz des Bauwerks. Die alten Wegeverordnungen hatten Verschmutzung, Beschädigung und Sperrung der Landwege unter Strafe gestellt. Auf der Chaussee war nun auch das Fahren selbst reglementiert: Vorschrift war Rechtsverkehr, Überholen nur auf der linken Seite erlaubt. Damit keine Spurrillen in die Steinschlagbahn gedrückt wurden, durfte ein Wagen niemals in die Spur des vor ihm fahrenden Wagens gelenkt werden. Aus demselben Grund standen rechts oder links am Rand der Fahrbahn spezielle Holzgestelle, sogenannte Chausseeböcke, die von den Chausseewärtern regelmäßig umgesetzt wurden. Diese Hindernisse zwangen die Fahrzeuge immer wieder in eine andere Spur. Die empfindliche Steinschlagoberfläche wurde so gleichmäßig befahren. Wagen und Reiter mußten auf der Fahrbahn bleiben. Die grasbewachsene Bankette an den Seiten blieb den Fußgängern vorbehalten. Für alle, die lesen konnten, ließ die Chausseebaudirektion Tafeln mit diesen Verkehrsregeln an der Straße aufstellen.

Nach und nach wurden in den folgenden Jahrzehnten die wichtigsten Landstraßen zu Chausseen mit Steinschlag oder Pflaster ausgebaut. Von 1852 bis 1854 wurde zum Beispiel die Poststraße entlang der Westküste von Itzehoe über Wilster bis nach Heide chaussiert. Um 1880 waren alle Hauptstraßen Schleswig-Holsteins ausgebaut. Der Straßenverkehr war schneller geworden und hatte viel von seinem Schrecken verloren: Die extreme Unfallgefahr und Wetterabhängigkeit gehörten der Vergangenheit an.

Fuhrleute, Wochenwagen und Omnibusse

Bis zum Beginn der Eisenbahnzeit gingen die meisten Leute zu Fuß, wenn sie eine Reise unternehmen mußten. Man machte sich auf, wenn Beruf oder familiäre Verpflichtungen es erforderten, sehr selten zum reinen Vergnügen – wer konnte sich das leisten? Wenn das Geld dazu ausreichte, ritt man oder fuhr im Wagen.

Eine Ausnahme: Für gebildete junge Männer aus wohlhabendem Elternhaus war es um 1800 schick und sehr in Mode, längere Fußwanderungen zu unternehmen, vorzugsweise durch abwechselungsreiche, reizvolle Landschaft. Statt der gewohnten Bequemlichkeiten schob man ein paar Tage einfachen Lebens in frischer Luft ein, suchte neue Eindrücke. Auch Adolph Freiherr von Knigge scheint es ausprobiert zu haben. In seiner berühmten Sammlung von Lebensregeln „Vom Umgang mit Menschen“ (1788) schrieb er: „*Das Fußgehn ist gewiß die angenehmste Art zu reisen. Man genießt die Schönheiten der Natur; man kann sich unerkannt unter allerley Leute mischen; beobachten, was man außerdem nicht erfahren würde; man ist ungebunden; kann das freundlichste Wetter und den schönsten Weg wählen; sich aufhalten, einkehren, wenn und wo man will; man stärkt den Körper; wird weniger erhitzt und gerüttelt; hat Appetit, hat Schlaf, und ist, wenn Müdigkeit und Hunger der Bewirthung das Wort reden, leicht mit jeder Kost und jedem Lager zufrieden.*“ Für die meisten Zeitgenossen war das ein exzentrisches Verhalten. Häufig ergab sich das Problem „*… daß diese, in Teutschland für einen Mann von Stande ungewöhnliche Art zu reisen, zu viel Aufmerksamkeit erregt, und daß die Gasthalter nicht eigentlich wissen, wie sie uns behandeln sollen.*“ Waren die Wanderer gut gekleidet, hielt man sie für „*verdächtige Menschen, Abentheurer, Geizhälse*“, schlecht angezogen „*wird man, wie ein reisender Handwerksbursche, in Dachstübchen und schmutzige Betten einquartiert.*“ Zum Abschluß gab Knigge den wanderlustigen Herren einen sehr praktischen Tip mit auf den Weg: „*Will man sich ausruhen; so hüte man sich, zu nahe an der Straße sich unter einen Baum zu legen! Das sind gewöhnlich Plätze, wo Bettelleute sich lagern und Ungeziefer zurücklassen.*“

Genauso wie heute nicht alle den Führerschein besitzen, war im 19. Jahrhundert längst nicht jeder geübt im Reiten. Und ein gewisses Training brauchte man schon, wenn man mehrere Tage auf dem Pferderücken unterwegs sein wollte. Ein Tip aus „Der Passagier zu Pferde“, einem Spezialreisebuch von Gottlob Meyer aus dem Jahr 1805, läßt ahnen, was den ungeübten Reitersmann erwartete, selbst wenn kein nennenswerter Unfall geschah: Die Steigbügel sollten nicht zu lang eingestellt werden, denn es reitet sich „*in der Länge der Zeit sehr unbequem mit zu langen Bügeln, indem er sich nicht in die Höhe heben und bisweilen lüften kann, welches besonders bei heißen*

Abb. 17 Eine sogenannte „Barouchette", ein Reisewagen, der am Ende des 18. Jahrhunderts in Altona gebaut wurde und dem Gutsherrn von Goddersdorf in Holstein gehörte. Das Foto wurde 1931 aufgenommen. Heute steht die Kutsche in der Fahrzeugsammlung der volkskundlichen Abteilung des Schleswig-Holsteinischen Landesmuseums in Schleswig.

Sommertagen eine große Wohltat ist." Aber nicht nur der Reitersmann, auch das Pferd wurde stark beansprucht, und seine Behandlung erforderte größte Aufmerksamkeit. Für den Reisenden zu Pferde war es notwendig, *„daß er sich, wenigstens vierzehn Tage vor seiner Abreise, mit seinem Pferde bekannt mache, es öfter im Stalle besuche, nachsehe, wie es frißt, sich putzen läßt und sonst benimmt, es sodann mehremale reite, um es auch in Hinsicht seines Ganges genau kennen zu lernen; drei Tage vor der Abreise gehe man damit zur Schmiede und lasse es rund herum,* [das heißt auf allen vier Hufen] *frisch beschlagen."* Unterwegs richteten sich Tempo und Tageseinteilung nach den

Kräften des Pferdes: Am Morgen einige Stunden reiten. Ein *„guter munterer Schritt"*, nicht schneller, sonst schadet man dem Tier! Gegen Mittag wurde Gasthausrast gemacht. Das Pferd ruhte aus, bekam Brot, Heu und den Wassereimer. Dann ging es weiter bis zum Nachtquartier. Wer sichergehen wollte, daß sein Reittier leistungsfähig blieb, besorgte Putzen, Füttern und Satteln selbst.

Ursprünglich ritt der Herr. Bequemer und seit dem 18. Jahrhundert auch für Männer schicklich war die Fahrt im Reisewagen, einst den Damen vorbehalten. Es gab Privatwagen, die Postbeförderung, Mietkutschen und gewerbliche Fuhrleute, die auf ihren Frachtwagen auch Passagiere mitnahmen. Wo die Post durchkam, hatte sie das Monopol. Daraus kann man schließen, daß sich Post und andere Fuhrunternehmer um die wenigen Reisenden förmlich rissen. Das Postmonopol besagte, daß Ortsfremde und Ausländer die Postwagen benutzen mußten. Ortsansässige durften sich gegen eine Abgabe an die Post auch Kutschen mieten. Private Equipagen mit dazugehörigen Pferden waren vom Postmonopol frei. In Orten ohne Poststation saßen staatlich privilegierte „Rollfuhrleute" als Postersatz. Sie hießen auch „Reihefuhren", weil die zugehörigen Fuhrleute in immer derselben Reihenfolge zum Einsatz kamen. Organisiert waren sie wie eine Handwerkerzunft mit einem Ältermann und schriftlich fixierten Statuten. Damit war für die Reisenden die Beförderung *„ohne allen Verzug"* zu festen Preisen garantiert. Frachtfuhrleute konnten Passagiere mitnehmen unter der Voraussetzung, sich für jede Person von der Post einen Passierzettel ausstellen zu lassen. Diese Reisemöglichkeit bestand vor allem für das weniger exklusive Publikum: Die Einwohner der kleinen Orte auf dem Land, Personen, die Frachtgüter begleiteten und allgemein *„geringe und unvermögende Leute, worunter insbesondere auch Dienstboten, Handwerksgesellen und Matrosen zu verstehen sind."* Für den Passierzettel mit Namen und Bestimmungsort des Reisenden mußte der Fuhrmann beim Postmeister eine Gebühr entrichten. In der Umgebung von Kiel wurde dieses etwas umständliche Verfahren bereits in der ersten Hälfte des 19. Jahrhunderts durch eine Verordnung gelockert, vermutlich auch zur Förderung des noch in den Kinderschuhen steckenden Fremdenverkehrs: *„In Kiel ist zu Lust- und Spazierfahrten der Einwohner nach Oertern innerhalb 2 Meilen kein Passierschein erforderlich, und erstreckt sich diese Erlaubnis auch auf diejenigen Fremden, welche die Badeanstalt benutzen."*

Versuche, das strenge Gesetzeswerk zu umgehen, kamen vor, im Fall von Friedrich Johann Lorenz Meyer auf einer Tour von Hamburg aus unentdeckt: *„Meinem Kutscher (ich habe leider großes Recht, von ihm als meinem Kutscher zu reden,) hatte ich Kiel als das nächste Ziel meiner Reise genannt. Die Wahl des Weges überließ ich seiner Kenntnis des Landes, und wunderte mich beim Einsteigen über die Nettigkeit des halb offenen Wagens, des Pfer-*

Abb. 18 Ein Pferde-Omnibus fährt die Kieler Holstenstraße hinauf in Richtung Marktplatz. Aquarell von Johann Christian Wolters, um 1860.

degeschirrs, und noch mehr darüber, daß er selbst sich eine silberne Tresse um seinen runden Hut gewunden hatte; ein Putz, den ich bis jetzt an keinem Miethskutscher bemerkt hatte. Nach ein Paar Stunden erklärte sich alles. Im Holsteinischen muß man entweder mit eigenen Pferden fahren, oder sich der Post bedienen. Die silberne Huttresse sollte also dem Betruge, der hier gespielt wurde, mehr Glaubwürdigkeit verschaffen, und der Weg, den wir nahmen, uns vor nähern Untersuchungen der Postbedienten schützen. Er sey, versicherte der Fuhrmann, noch dazu ein Richtweg [= eine Abkürzung]..."

Fuhrleute mit Frachtwagen waren nicht nur im Auftrag unterwegs, sondern unterhielten auch regelmäßige Verbindungen zwischen größeren Ortschaften und nahmen Stückgut von verschiedenen Absendern sowie Passagiere an Bord. Wer auf einem Frachtwagen mitfahren wollte, mußte sich am Ort nach einer Gelegenheit umhören. Im Herbst 1822 brach Johann Friedrich Clasen als zukünftiger Student von Tönning nach Jena auf. Zunächst fuhr er mit dem Wagen eines Eiderfährmanns bis nach Heide. „*Meine Absicht war, mit dem Landmann Carsten Martens aus Windbergen nach Windbergen und Brunsbüttel und so weiter nach Hamburg zu fahren. Er kommt deshalb jeden Sonnabend in Heide, die Butter hier für Hamburg aufzukaufen. Ich bemühte mich daher zu ihm, allein leider mußte ich hören, daß er nur jede 14 Tage reiste, und diesen Sonntag nicht.*" Von Heide ging er zu Fuß nach Meldorf, sein Koffer legte den Weg bereits auf dem Wagen des Fuhrmanns Stange zurück. Clasen machte noch einige Besuche in Meldorf und wartete bis um 1 Uhr in der Nacht auf seine Fahrgelegenheit. „*Bald darauf kam Detlev Stange, mit schwerer Fuhr, 6 Pferden und 2 Passagiers, nehmlich ein früherer Handlungsdiener bei Krause und ein junger Schneidergesell. Es war etwas Mondlicht. ... In Marne reiste noch mit uns der Herr Lütjens, früher beim Kaufmann Möllenhofft, jetzt hat er eine Frau und ein eigenes Haus. Um 8 Uhr kamen wir in Brunsbüttel.*"

Allmählich entwickelte sich ein für weitere Kreise erschwinglicher öffentlicher Personenverkehr außerhalb der Postorganisation. Um die Jahrhundertmitte verkehrten schon häufig sogenannte „Wochenwagen". Sie hatten ihren Namen daher, daß sie am Anfang wirklich nur einmal in der Woche fuhren. Im Reiseführer hieß es dazu: „*Wochenwagen sind in der Regel sehr bequeme bedeckte Wagen und bei weitem am billigsten, die Meile 8 Schillinge bis 1 Mark a Person, aber die Beförderung langsam.*" Als neuer Wagentyp kam der „Omnibus" auf, im Lateinischen soviel wie „für alle". Der Wagenkasten war von hinten zugänglich und hatte Sitzbänke an den Längsseiten. Er faßte viele Fahrgäste, war aber etwas unbequem und daher vor allem für kürzere Strecken geeignet. Als die Eisenbahn gebaut wurde, fürchteten alle Fuhrleute ihre Konkurrenz. Auf Landstraßen parallel zu den Bahnstrecken verlor der Verkehr mit Pferdewagen tatsächlich seine frühere Bedeutung. An seine Stelle trat aber der Zubringerverkehr zu den Bahnhö-

Abb. 19 Pferde-Omnibus von Itzehoe über Kellinghusen zum Bahnhof Wrist der Altona-Kieler Eisenbahn. Das Foto ist vor 1889 aufgenommen, denn in diesem Jahr wurde eine Eisenbahnlinie auf der Strecke eröffnet.

fen, ein lohnendes Geschäft durch die beträchtlich wachsende Menge an Waren und Reisenden. Frachtfuhrleute hatten vorher nur in den großen Orten an den Hauptlandstraßen wie Neumünster ihr Auskommen gehabt. In der zweiten Hälfte des 19. Jahrhunderts wurden überall neu Fuhrgeschäfte eröffnet.

Gasthöfe, Fremdenzimmer und Logierbesuch

„*Das Wirtshaus, wo wir logiren, bey Braasch, ist ganz gut und billig; und hinten im Garten ist eine schöne Aussicht über den Lankersee. Hier saßen wir beim herrlichsten Mondenschein, dicht am See, und vertrieben uns die Zeit durch Gesang. Diese Nacht werden wir zuerst wieder in Betten schlafen; drey Mal haben wir uns mit Stroh begnügen müssen. – Jetzt sitzen wir, und essen Milch mit Preetzer Kringeln, und lassen uns das wohlschmecken. – Prosit. –*“ Ein zufriedener Tagebuchvermerk von Hamburger Wanderern aus der ersten Hälfte des 19. Jahrhunderts.

Damals existierten Gasthäuser vor allem in den größeren Ortschaften und an vielbefahrenen Post- und Handelsstraßen. Heute sind die alten großen Landgasthöfe noch am sogenannten „Ausspann“ zu erkennen, einem hallenartigen Gebäudeteil mit einem Tor auf jeder Seite. Hier wurden die Gespanne mitsamt den Wagen hineingelenkt, so daß Passagiere trocken unter Dach und Fach aussteigen konnten. Eine Notwendigkeit war die regelmäßige Rast auf Reisen vor allem für die Pferde, die ausruhen, fressen und saufen mußten. Die angestrengten Tiere brauchten unterwegs besonders gute, aufmerksame Pflege. Reisenden wurde immer wieder geraten, ihre Pferde selbst zu versorgen oder wenigstens dabeizubleiben, wenn sie die Tiere den Hausknechten überließen. Waren die Pferde versorgt, konnte der Mensch in der Gaststube ein Glas Bier trinken oder sich mit den übrigen Gästen an den gemeinsamen Mittagstisch setzen. Größere Gasthöfe vermieteten auch Kammern mit Bettstellen. Tisch, Stuhl und Kommode gab es nicht immer. Wenn man Glück hatte, wurde auch geheizt.

Für wohlhabende Vergnügungsreisende des frühen 19. Jahrhunderts war es nicht selten ein Schock, wenn Gewohnheiten von zu Hause und im Gasthaus Vorgefundenes allzuweit auseinanderklafften. Eigenes Bettzeug im Gepäck war eine Vorsichtsmaßnahme, um sich notfalls vor Schmutz und Ungeziefer zu schützen. Der Gymnasialdirektor Stille hatte auf dem Weg von Hamburg nach Bordesholm schlechtes Wetter und dazu noch einen Schaden am Wagen. Weiter als bis nach „*Schaafhausen*“ kam er an jenem Tag nicht. „*Ich trat mit einer Laune in die Wirthsstube, die ich keinem Könige wünsche, wenn er ein Todesurteil unterschreiben soll. – Ein Schweinehändler, ein reisender Schneidergesell, und ein Bürger aus Kiel mit Frau und Kindern, die zum Besuche ihrer Verwandten in Hamburg gewesen seyn wollten, füllten nebst dem Wirthe und der Wirthinn die Stube aus, und ergossen sich in lauten Klagen über das abscheuliche Wetter; die Letzteren jedoch nur der Heuerndte wegen, denn unser Geschick hatten sie nicht sehr zu beklagen, da es ihnen Gäste zuführte. Ein Getränk, Kaffee genannt, und die Zurüstungen zu einigen Eierkuchen, schützten mich vor der Hand gegen Verdursten und Verhungern; ja, mehr als ich hoffen durfte, wurde mir zu Theile, ein eigenes*

Abb. 20 Der Gläserkrug in Leck am Ochsenweg: Gerade wurde ein Wagen in den Ausspann gelenkt. Das Foto ist 1911 aufgenommen worden.

Zimmer. Ein Schauder überlief mich zwar, als ich hineintrat, und mir eine Luft entgegenkam, von der ich nicht gleich zu sagen wußte, mit welcher Gasart sie am stärksten geschwängert sey. Mit Hülfe eines tüchtigen Zugwindes durch Fenster und Thür, wurde Rath dagegen geschafft, und ich trat, die Nachtmütze auf dem Kopfe, die Oellampe in der Hand, meine Papiere unter dem Arme, hinein." Das Bett stand in einem Alkoven mit Türen davor, dem Reisenden dermaßen unheimlich, daß der alte Herr es vorzog, zum ersten Mal in seinem Leben eine Nacht auf einem Strohlager am Boden zu verbringen.

Wer sich nicht auskannte, traf wie die Wanderer aus Hamburg in einem größeren Ort mit mehreren Gasthäusern leicht die falsche Wahl: *„Zu den vielen schlechten* [den kleinen, niedrigen, unansehnlichen Häusern Eutins]

Abb. 21 Die Gaststube von Joh. Harms in Kellinghusen, wie sie 1899 aussah. Bunt bemalte Wandpaneele, Wandbetten und ein Tisch mit Kugelfüßen verraten, daß der Gasthof in einem Fachhallenhaus neben der Störbrücke an der Landstraße von Itzehoe nach Segeberg bereits aus der Mitte des 18. Jahrhunderts stammte. Die Wandvertäfelung und Teile der Ausstattung befinden sich heute im Besitz des Schleswig-Holsteinischen Landesmuseums in Schleswig.

gehört unstreitig auch unser Wirthshaus; die Zimmer gehn alle bergab, und unter unsern Tritten erdröhnt das ganze Haus. Außerdem herrscht in allen Zimmern ein pikanter Geruch; die Küche gleicht einem Schweinestall, und macht das schlechte Essen noch empfehlungswerther. Unser Wirth sieht einem Frachtkutscher ähnlicher, als einem Gastwirth und scheint von dergleichen Leuten auch die meiste Nahrung zu ziehen." Peter Hanson schrieb über seine Gasthauserlebnisse: „*In den letzten Tagen des Januars 1811 setzte ich meine Reise zu Pferde nach Husum fort, welches sieben Meilen* [von Tondern] *entfernt ist. Das war in der That ein kalter, unangenehmer Ritt, zumal da den ganzen Tag düsterer Nebel die Aussicht auf Land und Meer raubte. ... Mittag machte ich bey einem gutmüthigen Friesen in Soholmsbrück ... Die Tafel war gut besetzt und rothen Wein konnte man mir auch schaffen. Dies behagte mir, da ich vor Kälte starrte, in einem reinlichen, netten, mit allerhand Schildereien ausgeschmückten Stübchen überaus wohl.*" In Husum angekommen ritt er am besten Haus vorbei, er hatte sich nicht erkundigt. „*Das Wirthshaus, wo ich einkehrte, war, wie ich zu spät erfuhr, nicht das beste, allein die Leute meinten es ganz gut, fragten mich unabläßig aus, füllten meinen Ofen beständig mit Torf, ob ich gleich den Geruch nicht ertragen konnte, und gaben mir gut zu essen und zu trinken.*"

Je entlegener eine Gegend, um so seltener und unkomfortabler wurden die Gasthäuser. Sehr landschaftstypisch zubereitetes Essen oder schlichtweg mangelnde Kochkenntnisse, ein Strohlager am Boden der Gaststube statt eines Bettes waren unliebsame Überraschungen, die man weitab der üblichen Reiserouten haben konnte. „*Wir sahen kein andres besseres Dorf in der Nähe, und die Dunkelheit zwang uns daher hier*[in Passade] *zu bleiben, in einer elenden, fürchterlich schlechten Kneipe, wo Essen und Trinken gar nicht zu genießen sind. Wir sahen uns daher genöthigt, hungrig und durstig unsre ärmliche Streu nachzusuchen, die uns in der Scheune erwartet.*" Auf den Dörfern gab es, wenn überhaupt, nur ein Wirtshaus, Treffpunkt und Neuigkeitenbörse der Landleute sowie Übernachtungsmöglichkeit für Fremde zugleich. Bürgerliche Reisende kamen unfreiwillig zu Kontakten mit Einheimischen, die so ganz anders waren als der gebildete kultivierte Stadtmenschen aus Hamburg: „*Bey der Rückkehr ins Wirthshaus fanden wir hier einen Violinisten und Clarinettisten in einer Person, der im Salon der etwa zu erwartenden Tanzgesellschaft harrte. Allmälig erschienen auch einige gemeine Bauernbengel und Dirnen, die jeden Andern vom Tanze abzuschrecken genügten. – Nicht Willens uns mit dieser auserwählten Gesellschaft einzulassen, werden wir sogleich unsere Streu besteigen. Nach einer kurzen und nicht ungestörten Ruhe erwachten wir diesen Morgen um 4 Uhr auf unsrem ziemlich schlechten und für 5 Personen viel zu kleinem und kurzem Strohlager, in einem Zimmer, das dicht an den Tanzsaal stieß. Das entsetzliche Lärmen und Schreyen und Stampfen der plumpen Tänzer hatte uns wenig Schlaf gegönnt, und diese entfernten sich erst nach 1 Uhr.*" Wo die fremden Übernachtungsgäste und der Bierdurst der Einheimischen für das Auskommen der Gastwirtsfamilie nicht ausreichten, wurde oft zusätzlich ein Hökerladen und etwas Landwirtschaft betrieben.

Posthäuser und Handwerkerherbergen waren Gasthäuser mit besonderem Service. In einer Posthalterei konnten Reisende damit rechnen, rund um die Uhr Aufnahme zu finden. Die Weiterreise war auch kein Problem. Sonst ging es zu wie in jedem anderen Gasthaus: Anfang des 19. Jahrhunderts stellte die Bedienung einer einkehrenden Wandergruppe im Bramstedter

Abb. 22 Postkarte von einem einfachen Gasthof aus dem Jahr 1901.

Posthaus *„eine mächtige Schale gekochter frischer Milch mit darein gebrocktem Waitzen-Brote"* auf den Tisch – ein Frühstück zur Zufriedenheit, im Tagebuch notiert. Herberge, das bedeutete im 19. Jahrhundert meist Anlaufstelle und Unterkunft für wandernde, arbeitsuchende Handwerksgesellen. Für einen Gastwirt war die Übernahme des Herbergsbetriebes eine regelmäßige Einnahmequelle. Ein Vertrag mit dem zuständigen Handwerksamt, wie in Schleswig-Holstein die Zünfte hießen, regelte die Reservierung von Räumen für Zusammenkünfte der Gesellenbruderschaften, Preise für Mahlzeiten, Getränke und Übernachtungsbetten. Das Herbergsschild mit Symbolen des anzutreffenden Handwerks über der Haustür zeigte den Handwerksburschen, wo sie einkehren konnten.

Jedes Gasthaus hat einen Namen, auch wenn es schlicht nach seinem Besitzer heißt. Sehr häufig findet man in Schleswig-Holstein die Benennung nach Städten, „Stadt Hamburg" etwa, oder „Stadt Kopenhagen". Verbreitet ist auch „Zum Holsteinischen Hause", „Landschaftliches Haus" und natürlich wie überall „Zur Post" und „Zum Fährhaus". Und dann gab es noch die vielen poetischen, beziehungsreichen Namen wie „Weißer Schwan" (Kiel),

Abb. 23 Aus dem „Prospekt für das Jahr 1883" des Solebades Oldesloe.

„Engel" (Lübeck), „Weißes Roß" und „Trompete" (Schleswig), „Zur Krone" (Itzehoe), „Zum Nordischen Löwen" (Rendsburg), „Zur Deutschen Eiche" (Altona) und „Zum Schwarzen Adler" (Neumünster). Manche Gasthöfe mit sehr alter Tradition bestehen noch, nicht ohne ihre Gäste in der Speisekarte auf ihre Geschichte hinzuweisen. Dazu gehören die „Fegetasche" am Plöner See und der Gasthof in Rothenhahn an der Altona-Kieler Chaussee, nur zwei Beispiele von vielen.

Reisende wohnten aber nicht ausschließlich in Gasthäusern. In den Städten konnte man auch Privatzimmer mieten. Das waren häufig Räume, die Witwen in ihren Wohnungen dazu hergerichtet hatten. Für alleinstehende Frauen war das eine der wenigen Möglichkeiten, selbst Geld zu verdienen. Übernachtungen oder Mahlzeiten beim Bauern waren im 19. Jahrhundert sehr häufig. Wer die Etappe bis zum nächsten Gasthaus am Abend nicht schaffte, mußte sich mit einem privaten Notquartier abfinden, wie die Wanderer aus Hamburg, die wegen heftigen Regens in Ostholstein nicht weiterkamen: *„Das war eine heillose Nacht in der Scheune in Rönnau! Unaufhörlich wurden wir auf dem Stroh von kleinen Thierchen geplagt, die uns im Gesicht herum kribbelten, und um uns her liefen Katzen, Ratzen und Mäuse lustig herum. Fast ohne geschlafen zu haben, machten wir im ärgsten Regen um 6 Uhr uns auf den Weg nach Lübeck …"* Darf man Ernst Willkomm Glauben schenken, der 1849 aus Sachsen als Kriegsberichterstatter in die Herzogtümer kam, war Gastfreundschaft damals eine weit verbreitete Tugend. Wenn ein Fremder die Marschen besuchte und den ersten besten Hof betrat, *„als Freund empfängt ihn jedermann, und wenn Abends der Teekessel singt im blinkerblanken Zimmer, dann beginnt wohl der Herr des Hauses Geschichten der Vergangenheit zu erzählen, die in ihrer furchtbaren Wahrheit es aufnehmen können mit der Romantik der entzückendsten Gegend."* Den Einheimischen war es natürlich genauso interessant, was für Neuigkeiten ein Reisender zu erzählen hatte, als „lebende Zeitung" in einer

Welt, in der es eine gedruckte, wenn überhaupt, einmal in der Woche gab. Wer sich länger am selben Ort aufhielt, wohnte bei Verwandten oder Bekannten. Auf Bauernhöfen, im Pfarrhaus oder dem bürgerlichen Stadthaushalt war genug Platz für Logierbesuch. Das brachte Abwechslung, der Gast wurde zwanglos ins Familienleben integriert. Nachdem er eine längere Krankheit überstanden hatte, folgte der Hamburger Arzt Friedrich Nikolaus Schrader im Sommer 1831 einer Einladung nach Bordesholm, wo er sich mehrere Wochen lang in gesunder Landluft und mit Milch frisch von der Kuh erholte: „*Die Pastörin Göttsche empfing mich sehr freundlich; ich sah ihre 4 Töchter wieder, die ich schon in Hamburg kennen gelernt hatte, und bald darauf begrüßte mich auch der aus der Kirche kommende Pastor. In dem geräumigen Pastorathause wurden mir 2 freundliche Zimmer zur künftigen Wohnung angewiesen, und bald fühlte ich mich so heimisch dort, als wäre ich lange Mitglied der Familie gewesen. ... Gegen Abend führte mich der Pastor mit einem Teil seiner Familie nach den Koppeln, wo seine beiden Kühe, meine künftigen Ammen, weideten.*"

Neben den Gasthöfen im herkömmlichen Sinne gab es auch schon früh ausgesprochene Ausflugslokale, Ziele zur Rast und Erfrischung auf einer Tour ins Grüne. Bereits 1792 beschrieb Arnold Gerhard Deneken ein Ausflugslokal in Israelsdorf, das von Lübeck aus mit dem Wagen bequem zu erreichen war. „*Viele lange Alleen durchschneiden das Gehölz, wohin man sich nach den verschiedenen dort befindlichen Sitzen aus dem nahen Wirtshause Kaffee, Thee, Wein u. dergl. Erfrischungen bringen lassen kann. An den schönen Sommerabenden soll hier sehr oft getanzt und musicirt werden.*" Eine bescheidenere Variante besuchte J. Taillefas 1817 in dem Dorf „Brunswyck", heute einem Stadtteil von Kiel: „*Die Wohnung eines Landmanns auf einer kleinen Anhöhe, wird oft im Sommer besucht, um die schöne holsteinische Milch, die frisch und geronnen zu haben ist, hier zu genießen. An warmen Abenden findet man unter der alten Linde die kleinen Tische freundlich verteilt.*"

In der Umgebung von Kiel waren in der ersten Hälfte des 19. Jahrhunderts eine Vielzahl von Ausflugsgaststätten eingerichtet worden, die man zu Fuß, mit dem Wagen oder im Boot ansteuerte, in Holtenau, Knoop und Gaarden, in Krusenrott und vor allem in Düsternbrook, das eine gewisse Berühmtheit erlangte. Peter Hanson beschrieb es so: „*Setzte man den Weg längs dem Wasser fort, so kam man am Schloßgarten vorbey in ein hochliegendes Buchengehölz, Düsternbrook, das Laubgänge durchschneiden und in welchem ein Traiteurhaus mannigfaltige Erfrischungen darbietet. Hier trifft man in der schönsten Jahreszeit fast zu allen Stunden des Tages Gesellschaften. Freundliche Blicke eröffnen sich nach dem Wasserspiegel der Bucht bis Friedrichsort auf seiner Landzunge hinaus.*"

Seit der zweiten Hälfte des 19. Jahrhunderts waren immer mehr Leute un-

Hotel und Restaurant Holsteinische Schweiz.

Sommerfrische mit 80 Fremdenzimmern, meistens Balconzimmer und 80 einfachere Touristenlogis. Unmittelbar am Bahnhof und Kellersee gelegen, $^1/_4$ Stunde per Schiff vom Uglei-See. Grosse Speisesäle, Veranden und schattige Sitzplätze auf der Terrasse vor dem Hotel. [O 10

8

Aussichtsthurm, 50 m über dem Kellersee, mit bezauberndem Blick auf die schöne Gegend. Badekarren im Kellersee, warme Bäder im Hotel. Spiel-, Turn- und Lawntennisplätze. Post und Telegraph im Hotel.

Dejeuners — Diners — Soupers. — Table d'hôte 1 Uhr.

Weine erster Firmen. ❁ Hiesige und Münchener Biere. ❁ Pension nach Uebereinkunft.

Renommirte Küche! **Rich. Schmidt,** Director.

W. Knoblauch's Gasthof,

Angelburger-Strasse 32,

(Ecke vom Mühlengang)

FLENSBURG,

hält sich dem geehrten reisenden Publikum bestens empfohlen.

Grosser Stallraum für Ausspann.

Abb. 24 Anzeigen von Gasthöfen und Hotels verschiedener Preisklassen, wie man sie Ende des 19. Jahrhunderts im Reiseführer fand.

terwegs, bewirkt durch die industriezeitliche Belebung des Wirtschaftslebens und den Bau von Eisenbahnstrecken. Der Tourismus entwickelte sich zum Wirtschaftsfaktor, und die Zahl der Vergnügungsreisenden wuchs. Das Gaststättengewerbe erlebte eine nie gekannte Blüte. Neue Gasthäuser, die sich nun stolz Hotel nannten, wurden eröffnet, oft außerhalb des Ortszentrums in der Nähe des ebenfalls neu erbauten Bahnhofs. Alte Gasthöfe richteten einen Zubringerservice mit Pferd und Wagen zur Bahn ein oder schickten zumindest einen Hausdiener zum Koffertragen. In den beliebten Fremdenverkehrsorten an der See und in Ostholstein wuchs die Nachfrage nach Gästebetten ständig. Hotels in reizvoller Lage und möglichst dicht am nächsten Bahnhof versprachen das beste Geschäft. Privathäuser wurden zu Pensionen ausgebaut. Ehemalige Bauerndörfer veränderten ihr Gesicht und wurden auch äußerlich zu Urlaubsorten. Größere Hotels boten nun auch auf dem Land städtischen Komfort wie Heizung, fließend Wasser, elektrisches Licht und Telefonanschluß. Je nach Anspruch und Geldbeutel konnte der Gast unter verschiedenen Kategorien und Preisklassen auswählen. Repräsentativ und gesellig speiste man an der „Table d'hôte", wie der aufwendige gemeinsame Mittagstisch mit vielen Gängen hieß. Das Hotel „Holsteinische Schweiz" zwischen Malente und Sielbeck direkt am Kellersee gelegen, besaß 1885 einen Speisesaal für 250 Personen. „*Sauber und bescheiden*" präsentierte sich um 1900 der „Sandfeldkrug" an der Chaussee bei den Kasdorfer Tannen. „*Hier ist ein gutes Glas Bier, Butterbrot, Kaffee, Thee, auch Wein und nöthigenfalls ein billiger Führer durch die Tannen- und Buchenwaldung zu haben und Stallraum für Pferde.*"

Schiffsreise

Der Verkehr mit Schiffen war in Schleswig-Holstein seit jeher besonders verbreitet und wichtig. Ein Blick auf die Landkarte zeigt warum: Zwischen Nord- und Ostsee gelegen, reich an Flüssen, mit bedeutenden Kanalbauten quer durch das Land (Stecknitzkanal von der Elbe zur Trave von 1386, Schleswig-Holsteinischer Kanal von Holtenau nach Rendsburg und weiter auf der Eider bis Tönning, fertiggestellt 1784), waren nur wenige wichtigere Orte nicht auf dem Wasserweg zu erreichen. Es ist auch kein Zufall, daß fast alle Städte irgendwie am Wasser liegen. Eine derart verkehrsgünstige Lage hat Entstehung und Aufblühen befördert.

Bis zum Bau von Eisenbahnlinien in der Mitte des 19. Jahrhunderts dominierte die Schiffahrt über den Verkehr zu Lande, vor allem, wenn es um den Transport schwerer Ladung ging, gleich ob Getreide, Holz oder Ziegelsteine. Die Küstenfahrt unter Segeln war riskant, und Termine konnten nur mit mehreren Tagen Spielraum eingehalten werden, bei Flaute, Sturm oder wenn der Wind gegenan stand. Trotzdem blieb der Transport per Schiff billiger, als die Ladung verteilt auf viele Frachtwagen im Fußgängertempo auf dem Landweg fortzuschleppen. Eilig durfte es aber nicht sein – hier ein Zeitvergleich: Ein Schiff brauchte für die Durchfahrt durch den Schleswig-Holsteinischen Kanal und die Eider je nach Windrichtung 8–14 Tage. Auf der Straße war die Strecke von Tönning nach Holtenau in etwa 2 bis 3 Tagen zu schaffen.

Aus heutiger Sicht ist es erstaunlich, wieviele kleine Wasserläufe einst Schiffahrtsstraßen waren, wieviele Orte früher Hafenanlagen besaßen, meist noch an erhaltenen Überresten zu erkennen. Zum Beispiel Krempe: Heute im Stadtbereich zugeschüttet, führte die Kremper Au von der Elbe bis zum Marktplatz des Städtchens. Aufmerksame Spaziergänger finden noch ein Brückengeländer und die Rolle des Lastenaufzugs zum Dachboden eines Hauses, neben dem früher Schiffe anlegen konnten. Um 1850 existierten in Schleswig-Holstein mehr als tausend Wasserfahrzeuge, in Größe, Rumpfform und Takelung genau ihrem vorzüglichen Fahrtgebiet angepaßt. Auf der Ostsee segelten hauptsächlich Kielschiffe wie Schoner und Briggs. Die Stadthäfen an den Enden der Förden konnten auch von großen, seegehenden Schiffen angelaufen werden. Die Nordseeküste mit Ebbe und Flut erforderte besondere Schiffstypen mit wenig Tiefgang und plattem Boden, die in den Wattenhäfen trockenfallen konnten, ohne umzukippen. Typisch für die Eider war die dickbauchige Schnigge. Auf der Elbe segelten ein- oder zweimastige Ewer, die mit zwei Mann Besatzung auskamen. Ein weiterer verbreiteter Schiffstyp war die Tjalk. Ursprünglich aus den Niederlanden stammend, erinnert ihre runde Form an einen Holzschuh. Neben derartigen Küstenseglern gab es verschiedenste Kleinfahrzeuge wie die Präme der Elb-

Abb. 25 Warwerort, ein kleiner Hafen im Wattenmeer an der Westküste, neben Wöhrden und Delve einer der drei Häfen für die Stadt Heide. Kolorierte Lithographie von E. Nay, um 1850.

marschen. Mit ihnen konnte man auf kleinsten Wasserläufen weit ins Land vordringen, zum Beispiel noch um 1850 von der Stör aus auf der Bramau zu einem Landungsplatz am Bahnhof Wrist. Die Statistik gibt zu dieser Zeit für Kellinghusen 18 Schiffe an. Elmshorn war Heimathafen für 38 Seeschiffe, nicht eingerechnet eine Menge kleinerer Flußfahrzeuge.

Wer am Anfang des 19. Jahrhunderts mit dem Schiff reisen wollte, mußte an Bord eines Lastenseglers gehen. Richtige Passagierschiffe waren nur die sogenannten „Paketboote", schnelle Segler auf der Ostsee, sowie später die ersten Dampfschiffe. Die Unterbringung von Passagieren auf Lastenseglern konnte natürlich nur sehr provisorisch und unbequem geschehen, denn diese Schiffe waren in erster Linie mit Laderäumen für Fracht ausgerüstet. Im September 1821 suchte ein Herr mit dem Namen Gregers Gelegenheit für eine Überfahrt von Burg auf Fehmarn nach Kopenhagen und retour. Über die Seereise schrieb er seiner Frau, die zu Hause geblieben war: „*Am*

Abb. 26 Auf der Fahrt von Itzehoe die Stör hinunter in die Elbe – Der kleine Dampfer hat den Ewer gleich überholt. Lithographie, um 1840.

5ten dieses Monats, liebe Mutter, war ich so glücklich nach drittehalbtägiger Fahrt in der Königsstadt anzukommen. Seekrank war ich unterwegs gar nicht, eine einzige kleine Anwandlung von Übelkeit abgerechnet, die aber wohl bloss dem überfüllten Magen zuzuschreiben war – Die Fahrt ging herrlich. Es war ein Vergnügen, zu sehen, wie sich die linker Hand liegenden dänischen Inseln, Laland, Falster und Möen, immer zurückzogen, und uns gleichsam Platz nach der Residenz zu machen schienen." Für die Rückreise mußte sich Gregers einem anderen Schiffer anvertrauen, weil der erste seine Ladung Weizen noch nicht verkauft hatte und so der Tag seiner Abreise offen war. „*Es ist aber ein Fehmarscher Schiffer Meuslahn, ich glaube aus Lemkenhafen hier, den ich zu heute Abend zu mir bestellt habe, um ihn zu bitten, dass er seiner etwaigen Rückfracht nach Fehmarn das unschätzbare Gewicht meines Individuums beifügen möge.*" Gregers mußte seine Reisepläne allerdings den Geschäften des Schiffers unterordnen. „*Anderthalb Tage haben wir brauchen müssen, um uns nach Faxöe zu kreuzen, was nur etwa 10 Stunden von Kopenhagen entfernt liegt, und wo mein Schiffer seine La-*

dung Kalksteine einnehmen will. Hier muß ich, wie er mir ankündigt, und ich auch sehr wohl begreife, einen vollen Tag warten, ehe sein Schiff voll wird." Die Wartezeit verbrachte Gregers auf angenehme Weise in einem Wirtshaus direkt am Strand. „*Ich bat mir zum Abendessen 6 weichgekochte Eier mit geschmolzener Butter aus, die mir trefflich mundeten. – Meinen Essensvorrath, in Kopenhagen gekauft, habe ich an Bord gelassen, und für die Rückreise bestimmt.*"

Wo regelmäßiger Bedarf an Güter- und Personentransport bestand, hatten manche Schiffer feste Touren, in der Presse angezeigt und in Reiseführern vermerkt. Ein wichtiger Ausgangshafen war Brunsbüttel, von wo aus man nach Altona segeln konnte. Ein angehender Theologiestudent aus Eiderstedt legte auf diese Weise 1822 eine Etappe seiner langen Reise auf die Universität nach Jena zurück. Er hielt im Tagebuch fest: „*Um 9 Uhr Sonntags Morgen den 29sten September gingen wir an Bord des Schiffers Carsten Pien junior oder der Kleine (Lütje Pien). Der Wind wehte aus Nordosten, ziemlich stark, wir mußten lavieren* [d.h. gegen den Wind ankreuzen], *jedoch unser Ewer segelte recht gut. Unsere Reisegefährten zu Wasser waren außer dem Herrn des Schiffs, einem Matrosen oder Knechte und einem Cajütwächter oder Jungen Namens Peter: der Kaufmann Lütjens aus Marne und sein Nachbar, ein Schneidergeselle, und ein Handlungsdiener, vorher bei dem Kaufmann Krause in Heide, sämmtliche mit dem Fuhrmann Detlev Stange aus eben dem Orte, und auch der Knecht von Gilian; ferner aus Altona ein Nadelmacher, ein Herr Mathießen mit seiner Ehehälfte und die Wittwe eines Nagelschmidts mit ihrem 14 Tag alten Kinde; aus Wolmersdorf befanden sich an Bord der vorige Unterofficier Sießenböttel und Hans Grappe mit seiner Schwester, aus Meldorf der vorige Knecht des Advocaten Böckmann genannt Karsten, ferner ein junges Mädchen genannt Minken aus Hamburg, Peter-Straße No 23. Ganz munter und lustig fuhren wir aus dem Hafen, als wir aber eine kurze Frist auf der Elbe gekreuzt hatten, stellte sich die Seekrankheit ein. Fast alle weiblichen Personen wurden übel, ferner ein Handlungsdiener und mein Reisegefährte Redling. Ich blieb davon befreit, vielleicht wegen meines Rauchens oder weil ich zuweilen ein wenig Kümmel aus Karstens Bouteille erhielt. Dieser Karsten unterhielt des Tags über die Gesellschaft durch seine Zoten und durch sein Schießen aus einer leeren Kanone auf vorbey segelnde Schiffe. Um 4 Uhr Nachmittags kam die Ebbe. Es wurden daher die Ancker geworfen in der Nähe von Stade. Jetzt erhielt Peter von jedem Reisenden Kaffee, um solchen zu kochen. Jeder packte seinen Proviant aus, und ein allgemeines Diner war in der hintersten und vordersten Cajüte. Unser Fuhrmann hatte für Victualien gesorgt. Nach dem Essen legten sich der Fuhrmann Detlev Stange und Lütjens aus Marne in die Koje. Redling und ich lagen auf der Bank; jedoch mein Schlaf war nur wenig, indem ich die Gespenstergeschichten und Verwandlungen des Herrn Ma-*

Abb. 27 An der Schiffbrücke im Flensburger Hafen blickte man in der ersten Hälfte des 19. Jahrhunderts auf einen Mastenwald. Lithographie von Johann Friedrich Fritz, 1833.

thießen anhörte. So gings wieder unter Segel. Um 3 Uhr Montags Morgens erwachte ich durch die gröbsten Scheltworte unsers Schiffers und eines anderen, der nicht weit davon entfernt lag. So hieß es, wir wären im Altonaer Hafen. Allein wir mußten noch an Bord bleiben, da der Wächter noch auf der Straße war, der alle Nachtwandler aufgreift und sie verwahrt bis zum Morgen. Um 5 Uhr wurden wir an Land gesetzt.“

Ob man von der Seekrankheit befallen wurde oder nicht, war wie auch heute noch ein Dauerthema bei Schiffsreisen. Die Ängste an Bord und die Sorgen um den glücklichen Ausgang von Seereisen waren auf Segelschiffen noch viel größer und auch berechtigter als heute, wo Maschinenantrieb und Rettungsmittel die Seefahrt sicherer gemacht haben. Die kurze Reise von Stade nach Helgoland war noch am Ende des 18. Jahrhunderts ein außergewöhnliches Unternehmen, das wie eine Expedition angegangen wurde. Der Göttinger Physiker und Schriftsteller Georg Christoph Lichtenberg schrieb: „*Einige ernsthafte Leute hier machen uns würcklich wegen unserer Reise bange, weil die Nordwestwinde jetzt sehr heftig wehen.*“ Und einige seiner Reisegefährten sprangen ab: „*Auf einmal, so wie die Witterungen in Stade, waren 3 von der Gesellschaft anderes Sinnes. Sie hatten sich von Ihren Ehe Hälfften weißmachen lassen, daß die Anländungen höchst gefährlich zu Helgeland wären …*“ Um die Ausrüstung des gecharterten Schiffes kümmerte sich Lichtenberg wie eine gute Hausfrau bis ins Detail. „*Wir nehmen Eine Scheffel Korn, 30 Pfund Butter, eine Menge Hüner und eine Köchin mit. … Der Vorrath an andern Dingen ist sehr groß, 4 Ancker Wein reisen auch mit.*“

Eine regelmäßige Passagierschiffahrt bestand bereits seit dem 18. Jahrhundert von Kiel und Travemünde aus nach Kopenhagen. „*Königlich Privilegierte Packetboote*“ steuerten in der „*schiffbaren Jahreszeit*“, also von März bis November, einmal wöchentlich die dänische Hauptstadt an. Für wohlhabende Familien bestand auch die Möglichkeit, ein Paketboot zu

Abb. 28 Blick in die Kajüte des Paketbootes, das zwischen Kiel und Kopenhagen verkehrte. Lithographie von Hjalmar Mörner, um 1820/30.

chartern und selbst festzulegen, welche Häfen in der Ostsee angelaufen werden sollten. Neben dem gewöhnlichen Gepäck konnten Pferde und Wagen mit auf das Schiff gehievt werden. Der Preis dafür war astronomisch: 130 Reichsbanktaler, das war 65mal soviel, wie die einfachste Überfahrt Kiel–Kopenhagen auf Deck kostete. Die Seereise von Kiel nach Kopenhagen dauerte bei günstigem Wind 18 bis 20 Stunden. Wenn das Wetter nicht mitspielte, wurden es mehrere Tage, für die Passagiere je nach Windstärke voller Langeweile oder angsterfüllt. Wer Pech hatte, erlebte eine Überfahrt, wie der Literat Johann Stephan Schütze sie um das Jahr 1810 schilderte: „*Am Sonnabend, den 30. März, war das vom Kapitain Marker geführte Paketboot, Karolina Kornelia, von Kiel nach Kopenhagen abzugehen bestimmt. Der mit Tagesanbruch zur Fahrt so günstige Westwind änderte sich aber in Südost um, und war erst Abends um 10 Uhr so gefällig, sich wieder umzuwerfen, und die Abfahrt möglich zu machen. Ein unbeschreiblich langer Tag, einer der längsten, den ich auf festem Lande erlebt. Der Reisende, in Hoffnung, hat gepackt, sich beabschiedet und reisefertig kostümiert; seine Einbildungskraft schwärmt bereits über die See hin, indeß der Leichnam noch an das Land und die Wirthsstube gefesselt sitzt, und nicht vom Fleck darf, jenen Augenblick erharrend, der zu Schiff ruft; nichts hat mehr für ihn, er für nichts mehr Interesse. Mit der zehnten Stunde hieß es: an Bord! Erst am Sonntag Morgen erreichten wie Langeland – der widrige Wind hinderte uns, die gewöhnliche Fahrt um die Insel Fehmarn zu machen – und den großen Belt; zwischen Laland und Falster saßen wir auf einer Sandbank fest, und es kostete unsrer Matrosenmannschaft nicht wenig Mühe, uns wieder flott zu machen. Der Wind blies beständig aus konträrem Loche, daher wir immer lavirend, Montags den 2. April den grünen Sund passirten und bei Laland vor Anker legten. Wir stiegen ans Land, tranken in einem Bierhause Bier, und suchten mit den vorfindlichen Lalanderinnen, ein paar niedliche Mädchen, eine Unterredung anzuspinnen, aber die smaae Piger* [dän. Mädchen] *waren so schüchtern und spröde, daß ihnen kein Fädchen abzugewinnen war. Unser Kapitän nahm indeß einen Lootsen mit an Bord und in Sold, unter dessen Leitung wir uns aus dem grünen Sund glücklich und wohlbehalten herausfanden. Am Abend waren wir (das Laviren und der Wind, der dies nöthig machte, nahmen kein Ende) aus der sogenannten Pünte* [dem äußersten Ende der Enge] *zwischen den Inseln Laland und Falster; unser Leiter, der Lootse, kehrte mit seinem Boote rückwärts, wir aber warfen aufs neue Anker, um einen günstigen Wind abzuwarten. … In der Ferne blitzte es hell durch die Luft, und auf einmal entstand wirklich ein sehr heftiger, fliegender Sturm; die Schiffleute liefen durch einander, bemüht, das festliegende Anker zu lichten oder zu kappen. In der Kajüte klapperten und stießen die irdenen Geräthe und Gläser an einander und Kranke und Gesunde, (der letztern hielten sich nur zwei auf den Beinen,) taumelten in ihren Betten, Flüche und*

Abb. 29 Auf dem Weg von der Nord- in die Ostsee im Schleswig-Holsteinischen Kanal: Ein flachgehender Küstensegler mit Seitenschwertern wird von zwei Pferden entgegen der Windrichtung getreidelt. Das andere Schiff kommt mit vollen Segeln vor dem Wind angerauscht. Stich nach einer Zeichnung von F. C. F. Thöming, 1822.

Gebete durchkreutzten sich auf dem Verdeck und in den Zellen. Endlich und glücklich wurde der Anker gelichtet und die Erschütterung und Schwingung des Schiffes nahm eine andere Wendung. Wir stießen in die offene See, unter fürchterlichem Rauschen und Toben der Winde und Wogen, akkompagnirt von dem schmetternden Fluchen, Rufen und Wettern des Kapitains und der Matrosen. Was die Angst in der Kajüte vermehrte, war die Ungewißheit, wie groß die Gefahr, und wie nah oder ferne wir unserm Ende seyn möchten? Sie war wirklich bedeutend und wir hörten in der Folge, daß ein Schiff mit Mann und Maus in unsere Nähe geblieben, d. i. untergegangen sey. Kein Passagier durfte aus dem Loche heraus, nicht mucksen noch fragen, aber nach ein paar Stunden ging uns allen ein Licht auf, als der Kapitain in die Kajüte trat, zum Lichte Feuer anschlug und mit unbeschreiblicher Kaltblütigkeit eine Pfeife stopfte. Wir sprachen von der wahrscheinlich nun überstandenen Gefahr, er aber sagte kurzweg und etwas in die Quere: jede seiner Reisen sey anders als die vorige, und zog einen derben Schnaps durch die Kehle. Erst gegen Morgen um 4 Uhr, so lange hatt´ ich mich gehalten, ward auch ich von der schwindelnden Bewegung übermannt, und wie die übrigen, zwei ausgenommen, die sich tapfer aufrecht erhielten. Gegen Morgen erreichten wir den Kreideberg [der Insel Moen], *eine Reihe weisser und grünlicher Steinmassen, die einen neuen schönen Anblick gewähren, um die wir aber wohl acht Stunden kreuzen mußten, eh wir sie umschifft hatten. Ich lag, in den Mantel gehüllt, auf dem Verdecke und freute mich, so gut dies ein Genesender konnte, der lachenden Ansicht. Nach Mittag ward die Stadt Kopenhagen in der Ferne gesehn.*"

Auf den Paketbooten reiste man in verschiedenen Preisklassen, entweder als Deckspassagier oder komfortabler in der Kajüte. Dort konnte man eins von mehreren separaten Zimmern beziehen bzw. eine Hängematte im „*Conversationszimmer*" oder auf dem Gang mieten. Für die einfachen Deckspassagiere war vorn im Schiff ein gedeckter Platz mit Bänken zum Schutz vor Wind und Wellen. Entsprechend differenziert wurde auch bei der Verpflegung der Reisenden an Bord. Für alle hielt der Schiffskoch ständig heißes Wasser bereit, damit sie sich zu den mitgebrachten kalten Eßwaren Tee oder Kaffee brühen konnten. Die Kajütenpassagiere hatten es einfacher, sie konnten Vollpension buchen. Von J. Taillefas gibt es eine farbige, sehr typische Schilderung des Zwischenmenschlichen auf See, 1817 auf einer Reise des Paketbootes „Dorothea" von Kopenhagen nach Kiel: „*Die Passagiere, die in der Kajüte ihr Asyl vor dem Ungewitter fanden, und zu denen auch ich gehörte, boten alles auf, sich zu zerstreuen und die Zeit zu verkürzen. Hier machte ich die Bekanntschaft mehrer Kaufleute aus Kopenhagen. ... Auch die Reisenden, die auf dem Verdeck gelagert waren, suchten die Langeweile auf ihre Weise durch muntre Lieder, das Fideln einer dreisaitigen Geige und lustige Bocksprünge zu vertreiben. Doch als durch die Länge der Zeit der Mundvorrath ausging, sank ihnen der Muth ... Doch halfen wir ihrer Verlegenheit brüderlich ab und stellten dadurch den alten Frohsinn wieder her. Wir hatten nämlich den Schiffsführer beredet, eine Schaluppe auszusetzen, um von Kopenhagen aus uns Lebensmittel holen zu lassen* [die „Dorothea" wartete vor Anker auf günstigen Wind]. ... *Es ist unglaublich, wie schnell man auf solchen Seereisen Bekanntschaft macht. Hier fallen alle Rücksichten auf Zeremoniell und Etiquette weg; hier herrscht nur der Ton der Geselligkeit, nur der Wunsch, sich gegenseitig zu verpflichten, und sich einander, während des Beysammenseyns, Annehmlichkeiten zu bereiten, besonders, wenn ein ungünstiger Wind die Reise verlängert. ... Gemeinschaftlich erklangen die Gläser und gemeinschaftlich ward der Proviant, mit dem wir uns selbst in Kopenhagen versehen mußten, verzehrt. Einer half dem anderen und Einigkeit war die Zierde unserer Gesellschaft. Unter angenehmer Un-*

terhaltung, durch Scherze, Erzählungen, kleine Spiele u.s.w. ward die Langeweile getödtet, die wir hier im Hoffen und Harren empfanden. Der Blick wurde gewiß von Allen am häufigsten nach dem Wimpel gerichtet. Jeder wünschte eine andere Richtung des Windes zu entdecken.“

Mit der Einführung der Dampfschiffahrt hatte das Warten auf günstigen Wind ein Ende! Als dauerhafte Einrichtung verkehrte die „Caledonia“ seit 1819 einmal die Woche auf der Route Kiel–Kopenhagen mit Stopp auf Lolland, Falster und Moen. Sie war ein hölzerner Raddampfer von 28 Pferdestärken und 70 Commerzlast, 1815 in Schottland gebaut. Schiffsschraube und stählerne Rümpfe kamen erst in der zweiten Hälfte des Jahrhunderts. Auf der „Caledonia“ reiste man in zwei Klassen. Maximal 40 Passagiere konnten sich für den „*1. Platz*“ einschreiben lassen, Koje inbegriffen. Eine Spezialkajüte war „*zur Bequemlichkeit und zum alleinigen Gebrauche der Damen eingerichtet*“. Die Bordverpflegung orientierte sich am Hotel-

Kiel, 4 Jun. **Unser Communicationswesen ist seit Kurzem sehr in Unordnung gerathen. Das Dampfschiff Caledonia, welches statt des „Frederik VI.“ Mittwoch Nachmittag um 4 Uhr von hier nach Kopenhagen ging, hatte das Unglück unterwegs einen Schaden am Dampfkessel zu leiden, weshalb die Passagiere bei Wordingborg auf Seeland ans Land gesetzt werden mußten, um zu Lande ihre Reise fortzusetzen Da nun beide Dampfschiffe, Frederik VI. und Caledonia für den Augenblick unbrauchbar geworden waren, konnte am letzten Sonnabend hier keins derselben eintreffen. Am Sonntage traf statt dessen ein außerordentliches Paketboot ein. Jedoch sollte heute Morgen Frederik VI. wieder seine regelmäßigen Fahrten beginnen und von Kopenhagen nach Lübeck abgehen. — Auch sind beide neuen Eilwagen zwischen hier und Altona zerbrochen, weshalb Passagiere und Briefpost mit Extrawagen hierher geführt werden müssen. —**

Abb. 30 Meldung aus dem Kieler Correspondenzblatt im Sommer 1832.

standard, wie man dem Reiseführer von Tregder entnehmen konnte: „*Auf dem Schiff findet man eine vollständige Restauration; Mittags Table d'hôte; Abends warmes und kaltes Essen portionsweise; Alles zu gangbaren Preisen. Es ist als Regel angenommen, daß alle Passagiere, die zum ersten Platz eingeschrieben sind, an der Mittagstafel teil nehmen; ... Uebrigens wird mit Kaffee, Thee und Chocolade portionsweise wie auch mit allerley Weinen und Liqueurs, zu gangbaren Preisen, serviert.*" Im Juli 1822 schiffte sich ein Forstwissenschafts- und Mathematikstudent in Kiel auf der „Caledonia" ein. Begeistert schilderte er in seinem Reisetagebuch die Natureindrücke während der Fahrt aus der Kieler Förde hinaus auf die offene See. Nach einer stürmischen Nacht erreichte die „Caledonia" die dänischen Inseln. „*Es zeigte sich uns die Fährstelle Möen, wo unser entkräftetes Schiff kräftiger Nahrung und neuen Passagieren entgegen sah. Als hier die Reisenden an Bord geschifft, dampfte mit neuen Kohlen versehen unser Schiffchen vorwärts. Bald darauf flogen wir gegen Strohm und Sturm bei der an einer Meerenge liegenden Stadt Stege vorbei; hinter deren Rücken sich in grauer Ferne die Kreidegebirge von Möen sich emporhoben. Unweit dieses Städtchens erhielt unser Boot einen Lothsen der uns zwischen den Untiefen Seelands und Möens vorsichtig durchführte. Mehrere Stunden längs den anmuthigen Küsten Seelands und Möens geschifft, kam uns wieder die offene See vor Augen. Unser Schiff immermehr vom Sturm und Strohm zurückgehalten, mußte an der Küste Seelands, südöstlich unter der Stadt Prestö Anker liegen. Die Sonne verfinsterte sich, der Sturm wurde noch heftiger, ein starker Nebel zog über Möens Gebirge daher, Seehunde und Dolphiene ließen sich blicken. Lauter Zeichen eines nahenden Sturms oder starken Gewitters. Keinen Büchsenschuß lagen wir vom Ufer Seelands entfernt. Da dies mit seinen Wäldchen, Feldern und ländlichen Wohnungen sich uns zeigte, stiegen mehrere der Passagiers ins Lothsenboot und ließen sich ans nahe Land fahren, um da im anmuthigen Schatten der Buchen noch ruhiger zu ruhen. Unser Kapitain versprach hier seinem schwachen Schiff eine zwölf stündige Ruhe. Erst am nächsten Morgen sollte dieser Ankerplatz von uns verlassen werden. Acht oder vierzehn Tage vorher hat das Dampfboot ungünstiger Witterung wegen vier Tage stillgelegen. Dieser trüben Aussichten wegen entschlossen sich mehrere der Passagiere, um unabhängig von Wind und Wetter zu sein, hier die Insel zu betreten und den Weg nach Kopenhagen über Land zu machen. Als nun von uns das Dampfboot verlassen, wir festen Fuß gefaßt, ging unser Weg nach der nahen Stadt Prestö, wo wir die Nacht blieben.*" Auch wenn Dampfer im Gegensatz zu Seglern normalerweise nach Fahrplan verkehrten, blieb bei Sturm eine Seereise abenteuerlich.

Genauso wie später beim Eisenbahnbau hat es zuerst erbitterte Gegner der Dampfschiffahrt gegeben, zum Teil aus Angst vor der wirtschaftlichen Konkurrenz, aber auch schlichtweg aus Furcht vor der unbekannten un-

Sartori & Berger

Kiel, Holtenau und Brunsbüttelkoog (Kaiser-Wilhelm-Kanal)

Dampfschiffs-Rhederei.

Schiffsmakler, Commissions-, Speditions- und Assecuranz-Geschäft.

An- und Verkauf, sowie Contrahirung von Schiffen.

O 4]

EXPEDITION

der

neuen comfortablen deutschen Post-Dampfschiffe „PRINZ ADALBERT", PRINZ SIGISMUND" und „PRINZ WALDEMAR"

zwischen **Kiel** und **Korsör:**

Abfahrt von KIEL täglich Vormittags

„ „ KORSÖR „ Mittags;

der schwedischen Postdampfschiffe „FLORA" und „DIANA"

zwischen **Kiel** und **Gothenburg;**

der Dampfschiffe „META" und „FEHMARN"

zwischen **Kiel, Heiligenhafen, Burgstaaken, Ohrt** auf Fehmarn und **Lübeck,**

Abfahrt von KIEL 2- bis 3mal wöchentlich;

der **Dampfschiffe** nach **Sonderburg** und **Flensburg,**

des **Dampfschiffes**

„HOLSATIA" und Extradampfschiffe

zwischen **Kiel** und **Stettin:**

Abfahrt von KIEL gewöhnlich Sonntags 10 Uhr Vorm.;

der Passagier- und Güter-Dampfschiffe

zwischen **Kiel** und **Königsberg**
„ **Kiel** „ **Danzig**
„ **Kiel** „ **Bremen**
} monatlich 3- bis 6mal nach vorheriger Ankündigung

Abb. 31 Bei der Kieler Reederei Sartori & Berger konnte man um 1900 Passagen kreuz und quer über die Ostsee buchen.

Abb. 32 Der kleine Schraubendampfer „Nordstrand“ stellte die Verbindung zwischen der Nordseeinsel und dem Hafen von Husum her. Ölgemälde von Friedrich Thomsen.

heimlichen Technik: „*Daß durch solche wöchentlich wiederkehrende Bewegungen des Wassers der Trave die junge Fischbrut im Sommer zerstört, das Ausbrüten derselben gehemmt und daß durch das gewaltige Schlagen der auf den beiden Seiten eines Dampfschiffes sich mit großer Gewalt bewegenden Räder das Fortkommen der jungen Fische, die länger als ein Jahr bedürfen, ihre gehörige Größe zu erreichen, und zu keiner Zeit, wie andere Tiere, einer elterlichen Fürsorge genießen, gestört wird, bedarf keiner weiteren Auseinandersetzung.*“ Die Pünktlichkeit der Dampfer und deren Sicherheit für die Passagiere überzeugten jedoch die Mehrheit. In Prahls „Wegweiser im

Postwesen“ von 1831 findet sich diese Empfehlung für den Raddampfer Friedrich VI, der von Kopenhagen nach Kiel fuhr: „*Dieses Dampfschiff gewährt neben der besonderen Eleganz so sehr viele Bequemlichkeiten und bietet vermöge seines starken Baues, wie auch der vorsichtigen Leitung, welcher es anvertraut ist, eine so vollkommene Sicherheit dar, daß es wohl mit Recht jedem Reisenden zu empfehlen ist* ...“ Die nächsten Dampferverbindungen wurden 1824 von Lübeck nach Kopenhagen und 1830 von Kiel nach Lübeck eingerichtet. Um 1900 konnte man von Kiel aus „*ueberseeisch*“ viele verschiedene Ziele ansteuern: zweimal wöchentlich nach Lübeck über Heiligenhafen, Burg, Neustadt, Travemünde, zweimal wöchentlich nach Kopenhagen, zweimal täglich nach Korsör, regelmäßig nach Faaborg, Sonderburg, Flensburg, Kappeln, verschiedenen dänischen Inseln, Stettin, Danzig, Pillau und durch den Nord-Ostsee-Kanal nach Rendsburg, Brunsbüttel und Hamburg. Ob die sicherer gewordene Reise über das Wasser schnell steigende Passagierzahlen nach sich zog? Auf jeden Fall fuhren 1827 2036 Personen mit dem Dampfer auf der Linie Lübeck–Kopenhagen. Auf den Paketseglern waren es nur 100 bis 150 pro Jahr gewesen. Natürlich verkehrten auch Dampfschiffe auf der Elbe und der Stör sowie seit um 1850 im Bäderverkehr nach Föhr, Amrum und Sylt.

Die abenteuerliche Anreise auf die Nordfriesischen Inseln durch das Wattenmeer in offenen Booten war der Grund, daß die Zahl der Gäste zunächst auf wenige Neugierige oder Enthusiasten beschränkt blieb. J. A. Petersen beschrieb in seinem Buch über Nordfriesland, wie um 1840 einige wagemutige Reisende in einem Wirtshaus am Deich im Kirchspiel Rodenäs auf den Zeitpunkt der höchsten Flut warteten, denn mit ablaufendem Wasser sollte es zur Insel Sylt gehen: „*Jetzt ist’s Zeit, und wir machen uns mit unsern stämmigen Bootsleuten rasch auf, denn hier ist periculam in mora. Versäumung der rechten Abgangszeit kann leicht zur Folge haben, daß die Ebbe uns im Stich läßt, daß wir Sylt noch nicht erreicht haben wenn das ablaufende Wasser bereits das östliche Ufer der Insel passirt ist und daß wir dann, weder vor-, noch rückwärts könnend, einige Stunden auf dem Schlick oder Meeresgrunde liegen müssen, bis die wiederkehrende Fluth uns erlöset. Bei dieser Ueberfahrt nach Sylt liegt übrigens das Risico einer solchen ennuyanten Parthie viel ferner als bei der von Hoyer ebendahin oder von Sylt nach Föhr ec. In 3–4 Stunden soll bei dem jetzigen, nicht günstigen, doch auch nicht namhaft ungünstigen Winde die kleine Wassertour von ca.* $1^1/_2$ *Meilen zurückgelegt werden, so lautet das Versprechen der Bootsleute, die uns für das billige Passagegeld von 2 Mk. in einem großen offenen Boote hinüber bringen. Der Wind fördert, wie gesagt, die Reise nicht, ist vielmehr etwas contrair, und – was Wanderern ex professo eben nichts Neues sein sollte – wir werden denn heute auch einmal pr. Schub expedirt. Statt zu rudern, schieben nämlich die Bootsleute im Boote stehend dieses mittelst langer Stangen oder sogenannter*

Abb. 33 Die Reise zu den Nordseeinseln: In der ersten Hälfte des 19. Jahrhunderts noch ein kleines Abenteuer, war sie 50 Jahre später mit Bahn und Dampfer nicht mehr der Rede wert. Lithographie „Hafen zu List auf Sylt" von 1844.

Schiebstaken vorwärts, mit welchen sie auch in den tiefen, die Flächen des hohen Meeresgrundes durchschneidenden Rinnen, Grund reichen können. Obgleich der Wind uns keine Gunst erweiset, geht's doch in recht rascher Fahrt dem vor uns aus dem Meere hervorragenden romantischen Dünen-Eilande zu, indem unsere kräftigen Bootsleute unablässig fördersamst arbeiten und gesprächig uns dabei über Land und Meer und dessen Bewohner mancherlei Interessantes und Characteristisches erzählen ..." Neben dem Bäderverkehr wurde an der Westküste von Tönning aus zur gleichen Zeit die Überfahrt zu englischen Häfen mit Dampfschiffen nach Fahrplan aufgenommen. Bis weit in die zweite Hälfte des Jahrhunderts beförderten Dampfschiffe hauptsächlich Personen, Post und Stückgut im Liniendienst. Motorisierte Küstenschiffe für Fracht sind eine Entwicklung des 20. Jahrhunderts.

Eisenbahnzeit

1844 trat Schleswig-Holstein ins Eisenbahnzeitalter ein. „König Christian VIII. Ostseebahn" taufte die Betreibergesellschaft den Schienenstrang von Altona nach Kiel, nach dem damaligen dänischen Landesherrn der Herzogtümer. Das „Kieler Correspondenzblatt" berichtete am Tag nach der Eröffnung: *„Es begann nun um 8 Uhr die Festfahrt auf einem Zuge von 12 Wagen, geführt von den mit Blumengewinden geschmückten Locomotiven „Kiel" und „Germania". Mit der größten Ordnung und Pünktlichkeit wurden die 14 Meilen bis Kiel in kaum 3 Stunden zurückgelegt."* Zwischen den Zeilen schwingt die Verwunderung darüber mit, wie reibungslos die unheimlichen Dampfrösser mit ihrer Arbeit fertig wurden.

Um das Publikum mit der neuen Einrichtung vertraut zu machen, war gleich zur Eröffnung ein Spezialreiseführer, der „Unentbehrliche Begleiter für Eisenbahnreisende", auf den Markt gebracht worden. Eine wichtige Aufgabe dieses Büchleins war, den Leuten die Angst vor der neuen Technik zu nehmen, ihnen Vertrauen einzuflößen. *„Bei all diesen Probefahrten erwies sich sowohl die Construktion der Bahn, als der Transportmittel vortrefflich. Das leichte Dahingleiten der Wagons über die Schienen, ohne Rütteln und Schütteln, die Schnelligkeit der Fahrt, die Sicherheit, womit erfahrene Locomotivführer die Züge leiteten, alles dieses flößte dem Publikum Vertrauen und Lust zu dem neuen Unternehmen ein und wird das Begründete kräftig erhalten."* Neben vielfältigen Informationen zum Eisenbahnbetrieb beschrieb der „Unentbehrliche Begleiter" eine imaginäre Fahrt nach Kiel, die ohne Aufenthalte gerechnet, 2 Stunden und 32 Minuten dauern sollte. *„Wir begeben uns auf beliebige Weise nach dem Altonaer Bahnhofe am Ende der Palmaille oder der Königstraße, lösen uns, nachdem wir uns für eine der 3 Classen der Wagen entschieden haben, ein Fahrbillet, und berichtigen bei den dazu Angestellten den Zoll, wenn wir zollpflichtige Sachen mit uns führen. Die Glocke giebt das Zeichen zum Einsteigen, und wir nehmen Besitz von dem, uns vom Schicksal oder von einem Schaffner angewiesenen Platze. Ueber die Personen, mit denen gleiche Absicht uns zusammenführt, wird scharfe Musterung gehalten und entweder mit Aerger oder Wohlbehagen denken wir an die kommenden Stunden. Das Klappen der Wagenthüren hört auf, ein greller Pfiff, dem bald einige nicht minder wohlthuendere folgen, ein leiser Ruck und langsam gleiten wir aus den Pforten das Altonaer Bahnhofes."*

Es ist wirklich nicht übertrieben, wenn man sagt, daß die Einführung der Eisenbahn das Reisen revolutionierte. Die Bahn übertraf alle herkömmlichen Transportmittel an Geschwindigkeit, Ladekapazität, Wetterunabhängigkeit und Pünktlichkeit. Eine Fahrkarte war viel preiswerter als ein Platz auf dem Postwagen. Ein Pferdewagen auf der unbefestigten Landstraße war

König Christian VIII. Ostseebahn.

ABFAHRTSTUNDEN

vom 14. September 1844.

I. Von ALTONA nach KIEL.

Von Altona	Pinneberg	Tornesch (Uetersen)	Elmshorn	Horst	Wrist (Kellinghusen)	Neumünster	Bordesholm
8 Uhr Morg.	8¼ Uhr.	8½ Uhr.	9 Uhr.	9 Uhr.	9½ Uhr.	10¼ Uhr.	10½ Uhr.
3½ „ Nachm.	3¾ „	4 „	4½ „	4½ „	5 „	5¾ „	6 „

II. Von KIEL nach ALTONA.

Von Kiel	Bordesholm	Neumünster	Wrist (Kellinghusen)	Horst	Elmshorn	Tornesch (Uetersen)	Pinneberg
7 Uhr Morg.	7¼ Uhr.	7¾ Uhr.	8¼ Uhr.	8¾ Uhr.	9 Uhr.	9¼ Uhr.	9½ Uhr.
2½ „ Nachm.	2¾ „	3¼ „	3¾ „	4¼ „	4½ „	4¾ „	5 „

(Am 18. September, dem Einweihungstage, fallen diese Fahrten aus.)

Abb. 34 Der erste Fahrplan der Altona-Kieler-Eisenbahn: Jeden Tag fuhren regelmäßig zwei Züge mit Personen- und Güterwagen nach Norden und zwei nach Süden.

im Durchschnitt nicht schneller als ein Fußgänger. Die ersten Eisenbahnzüge erreichten Geschwindigkeiten von mehr als 40 Stundenkilometern. Mit der Bahn gab es mehrmals täglich Reisemöglichkeit, gleichgültig zu welcher Jahreszeit. Nicht nur weite Reisen, auch Einkäufe, Behördengänge, Besuche in anderen Orten konnten schnell und bequem erledigt werden. Die Statistik bestätigt den Erfolg des neuen Verkehrsmittels: 1845 sind 372 182 Personen mit der Altona-Kieler Eisenbahn gefahren, damals eine gewaltige Zahl. Im Reiseführer stand: „*Der eigentliche Schlüssel zu Reisen jeder Art in die Herzogthümer ist jetzt die Altona-Kieler-Eisenbahn oder König Christians VIII. Ostseebahn, welche die Mitte des Herzogthums Holstein durchschneidet.*" Reisen mit der Eisenbahn bedeutete aber nicht nur einfach zuverlässig schnell ans Ziel zu kommen. Das Unterwegssein selbst bekam eine andere Qualität. Auf der Landstraße bewegte man sich Schritt für Schritt vorwärts und erlebte die allmählichen Veränderungen der Gegend. Es war

Abb. 35 Im ersten Altonaer Bahnhofsgebäude fand der Eisenbahnreisende die Zollabfertigung, eine Eilgut-Expedition und Gepäckannahme, die Billet-Ausgabe, Wartezimmer I., II. und III. Klasse, eine Küche, ein „geheimes Cabinett für Damen, zu welchem der Eingang vom Perron aus ist“, in der Gegend der großen Drehscheibe befand sich die entsprechende Einrichtung für Herren. Kolorierter Stahlstich von 1846.

anstrengend. Schnell kam etwas Unvorhergesehenes dazwischen, und man traf immer wieder mit Fremden zusammen. Aus dem Eisenbahncoupé heraus betrachtet, zieht die Landschaft wie im Flug vorbei, man sitzt bequem und kann sich ungestört in eine Reiselektüre vertiefen, wenn der Blick aus dem Fenster nicht reizvoll ist.

Durch die ungewohnte Geschwindigkeit der Eisenbahn bekamen Raum und Zeit für die Menschen ganz neue Dimensionen. Die alten Entfernungsangaben wie Wegstunde und Tagesmarsch, gemessen am natürlichen Tempo von Mensch und Tier, hatten ausgedient. Die Tagesreise von Itzehoe nach Hamburg machte man mit dem Zug in ein bis zwei Stunden, erledigte seine Geschäfte und kehrte mit dem Abendzug noch am selben Tag zurück. Vor dem Eisenbahnbau kam es im ländlichen Alltag nicht auf die Minute an. Aus der Zeit um 1830 wurde berichtet: *„Es ist zum Beispiel häufig der Fall, daß* *sogar zwischen Orten, welche kaum ein paar Stunden voneinander entfernt liegen, doch ein Unterschied von einer viertel Stunde oder von einer halben Stunde, zuweilen sogar von einer dreiviertel Stunde, hinsichtlich des Ganges der Uhren stattfindet, der sich nicht selten nach dem gewöhnlichen früheren oder späteren Aufstehen der Ortsbewohner bestimmt.*“ Die lockeren Verkehrs- und Nachrichtenverbindungen von Ort zu Ort in der Voreisenbahnzeit machten die Abstimmung der Kirchturmuhren untereinander nicht nötig. Die Stunde der Abfahrt stand fest, aber nicht die Minute. Ein Eisenbahnbetrieb ist ohne einheitliche Uhrzeit der Stationen und Pünktlichkeit nicht denkbar. Der Fahrplan muß eingehalten werden, um Anschlußzüge zu erreichen und die Sicherheit auf der Strecke zu gewährleisten. „*Pünktlich wie die Eisenbahn*“ ist sprichwörtlich. Die verschiedenen Ortszeiten mußten für die Regionen, über die sich Eisenbahnlinien erstreckten, vereinheitlicht werden. Oft wurde zunächst die Ortszeit des Verwaltungssitzes der Eisenbahngesellschaft den Fahrplänen zugrunde gelegt und auf die Stationsorte übertragen. 1874 übernahmen die Norddeutschen Eisenbahnen die Berliner Zeit. 1894 kam die Mitteleuropäische Zeit. Eisenbahnreisende benötigten eigene Uhren, um rechtzeitig am Zug zu sein. Taschenuhren an einer Kette in der Westentasche als Statussymbol des Mannes hatte es auch vor der Eisenbahn schon gegeben. Tragbare Uhren als wirkliche Notwendigkeit für alle sind ein Phänomen der Eisenbahnzeit.

Die Eisenbahn löste die alten Verkehrsmittel nicht in jedem Fall ab, sondern hauptsächlich die Post- und Frachtwagen auf parallel verlaufenden Fernstrecken und die umständliche Küstenschiffahrt mit Massengütern. Transporte von und zu den Bahnhöfen wurden weiterhin von Pferd und Wagen besorgt. Durch die steigende Anzahl Reisender und die größer werdende Gütermenge in der Industriezeit war dieser Zubringerverkehr sogar ein Zuwachsgeschäft. Nicht nur das Reisen wurde einfacher, sondern auch der Export landwirtschaftlicher und gewerblicher Produkte. Im Gegenzug kamen Rohstoffe und Fabrikwaren aller Art aufs Land. Immer mehr „Kolonialwarenläden“ wurden gegründet, die nicht nur exotische Lebensmittel wie Kaffee und Südfrüchte verkauften, sondern alles für Haus und Hof vorrätig hielten. Mit dem Eisenbahnanschluß erreichte der Fortschritt auch die kleinen Orte Schleswig-Holsteins. Die neuen Eisenbahngleise berührten die Ortschaften in den meisten Fällen nur am Rand. Bahnhöfe wurden dort gebaut, wo noch Platz war, außerhalb der geschlossenen Bebauung mit ganz neuer Zufahrtstraße vom Ort. Um die Bahnhöfe herum entstanden neue betriebsame Stadtviertel, ganz von der Existenz der Eisenbahnhaltestelle geprägt. Der kurze Weg zum Bahnhof beförderte die Ansiedlung von Kohlen-, Dünger-, Futtermittel- und Landmaschinenhändlern, Meiereien, Post, Fabriken und Kaufläden. Ein Bahnhofshotel fehlte nie. Die architektonisch möglichst repräsentativen Empfangsgebäude waren Aus-

Abb. 36 Reisende im Abteil um 1860. Aquarell von Christian N. Schnittger.

hängeschilder der Stationsorte und Eisenbahngesellschaften. In gewisser Weise stellten sie für Einwohner und Reisende eine Art modernes Stadttor dar. Damit Reisende Wartezeiten angenehm verbringen konnten, wurden in den Bahnhofsgebäuden Gastwirtschaften eingerichtet. Für alleinreisende Damen gab es separate Warteräume, die von Männern nicht betreten werden durften. Jeglicher Kontakt mit fremden Männern war noch um 1900 besonders für junge Frauen ohne Begleitung einer „Anstandsperson" unschicklich und kompromittierend. Im Zug waren in der I. und II. Klasse, den „Polsterklassen", Abteile extra für Damen reserviert. Nur für Frauen der gehobenen Stände wurde so pietätvoll gesorgt, in der III. Klasse saßen Männer und Frauen nebeneinander auf harten Holzbänken. Die meisten Reisenden benutzten diese preiswerte III. Klasse.

Mit dem Eisenbahnanschluß kam der Fremdenverkehr in den Touristenorten erst so richtig in Schwung. Zeitaufwand und Unbequemlichkeiten einer Reise mit Pferdewagen und Segelschiff in die Badeorte hatte viele abgeschreckt, die sich grundsätzlich eine Erholungsreise leisten konnten. Die Anreisemöglichkeit mit Bahn und Dampfer ließ die Besucherzahlen in die

Abb. 37 Ein Stahlstich aus der Mitte des 19. Jahrhunderts zeigt Glückstadt als geschäftiges Städtchen mit rauchenden Schloten, Schiffsverkehr und der 1845 fertiggestellten Eisenbahnlinie nach Elmshorn.

Höhe schnellen und Dörfer wandelten sich auch im äußeren Erscheinungsbild zu Seebädern. Auch entlegene Gegenden wurden neu für das Geschäft mit den Reisenden entdeckt, mit allen Vor- und Nachteilen für die Bewohner: „*Die Hüttener Berge sind durch die neue Kreisbahn Eckernförde–Owschlag eigentlich erst dem Verkehr eröffnet worden, und wenn auch die Anzeichen von dieser „Erschließung" der Landschaft sich schon bemerkbar machen – leider namentlich in der Bauart der neuesten Gebäude, besonders der für den erwarteten Fremdenstrom berechneten Wirtschaften –, so zeigt doch die Gegend sehr viel des Ursprünglichen, Charakteristischen.*" Ein anderer Reiseführer der Jahrhundertwende bemerkte über die Ostküste von Schleswig: „*Der Tourist findet eine Fülle wirklich schöner Landschafts- und Küstenbilder. ... Zwar liegen hier die Naturschönheiten nicht in so naher und glücklicher Gruppierung bei einander wie am Thal der Schwentine; aber*

Abb. 38 Zum Einkauf vom Dorf in die Stadt: Ausschnittvergrößerung einer Postkarte vom Bahnhof Edendorf an der 1889 fertiggestellten Nebenstrecke Itzehoe–Kellinghusen–Wrist.

doch sind die sehenswerthesten Gegenden unter Benutzung der neuen Bahnstrecke Kiel–Eckernförde–Flensburg und Flensburg–Kappeln in einigen Tagen bequem zu bereisen.“ Von Anfang an arrangierten die Eisenbahngesellschaften Sonderfahrten für Tagesausflügler, zum Beispiel zu großen Märkten. Später gab es an Sonn- und Feiertagen Rückfahrkarten für den einfachen Fahrpreis und verbilligte Rundreisekarten für mehrere Tage auf bei Touristen beliebten Routen. An den Wochenenden brachte ein „Extraspätzug“ Ausflügler von Gremsmühlen zurück nach Hamburg, die am frühen Morgen dort losgefahren waren und einen ganzen herrlichen Tag im Grünen verbracht hatten.

Im Vergleich zum übrigen Deutschland ging es mit dem Eisenbahnbau in Schleswig-Holstein nur sehr langsam vorwärts, begründet durch die besondere politische Situation der Herzogtümer im 19. Jahrhundert: die Zu-

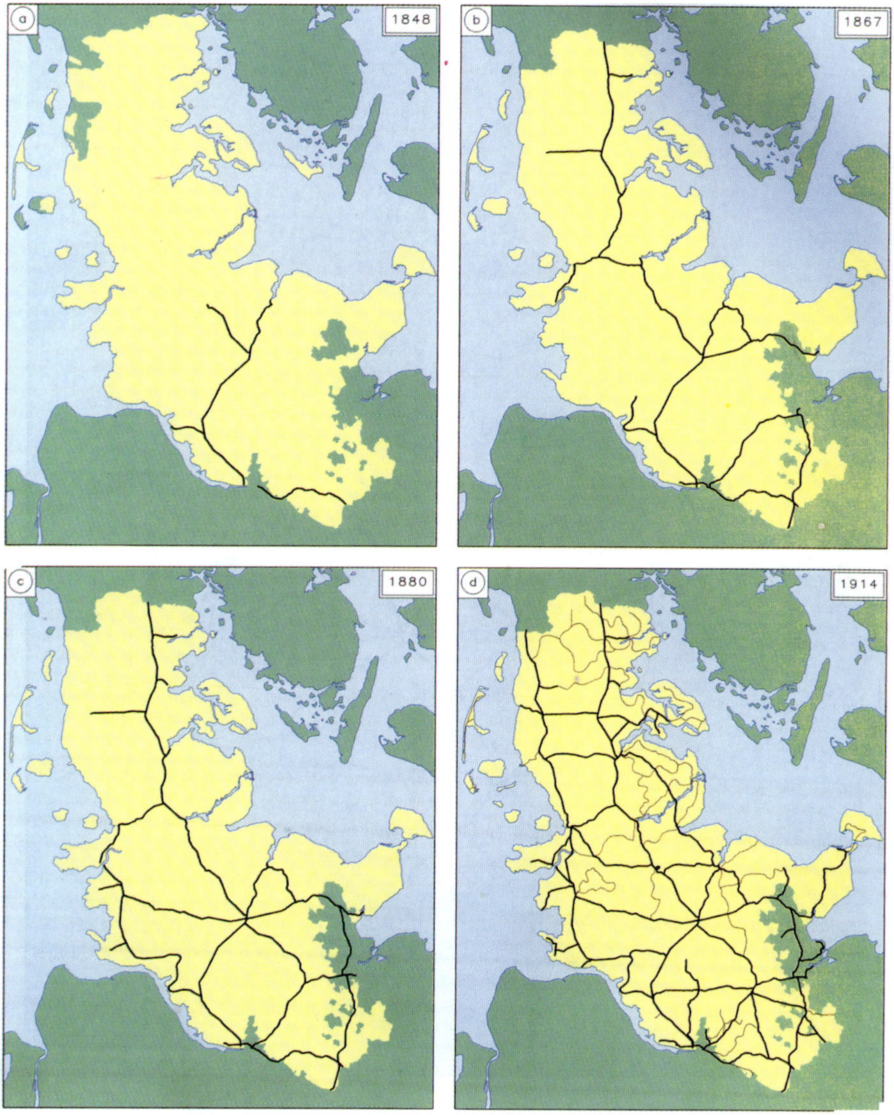

Abb. 39 Entwicklung des Eisenbahnnetzes 1844–1914.

gehörigkeit zu Dänemark bis zur Übernahme 1867 als preußische Provinz und die Kriege in den Jahren 1848 und 1864.

Hier eine Chronologie der Eröffnungsjahre der Hauptstrecken, zu denen noch eine große Zahl von Stich- und Verbindungsbahnen kamen:

1844 Altona-Kieler Eisenbahn (König Christian VIII. Ostseebahn)
1845 Zweigbahnen Elmshorn–Glückstadt, Neumünster–Rendsburg
1851 Lübeck–Büchen (Anschluß an die Strecke Berlin–Hamburg)
1854 Flensburg–Husum–Tönning mit Zweigbahn Ohrstedt–Rendsburg (König Frederik VII. Südschleswigsche Eisenbahn)
1856 Zweigbahn Klosterkrug–Schleswig
1856 bis 1887 Glückstadt–Itzehoe–Meldorf–Heide–Husum–Hviding (Marschbahn)
1864 Altona-Hamburger Verbindungsbahn
1865 Flensburg–Jütland
1866 Neumünster–Plön–Eutin–Neustadt mit Zweigbahn Preetz–Kiel (Ostholsteinische Eisenbahn)
1875 Neumünster–Oldesloe
1878 Neumünster–Heide (Westholsteinische Eisenbahn)

Von 1885 an wurden die verschiedenen Eisenbahnaktiengesellschaften, die die ersten Bahnen in Schleswig-Holstein gebaut und betrieben hatten, nach und nach verstaatlicht und gehörten von da an zum Königlich Preußischen Eisenbahndirektionsbezirk Altona. Ein Kleinbahngesetz erlaubte seit 1892 die Anlage von technisch einfacheren Eisenbahnen geringer Spurweite. Kleinbahnen waren zwar nicht so schnell und leistungsfähig wie die große Bahn, aber dafür auch erheblich preiswerter zu haben. Bis 1912 wurden in Schleswig-Holstein insgesamt 26 Kleinbahnen gebaut, vorwiegend auf dem Land. Berühmt und wichtig für den Fremdenverkehr war die Sylter Schmalspurbahn, die sich über die ganze Insel erstreckte. Bis zur Mitte des 20. Jahrhunderts blieb die Eisenbahn das wichtigste Verkehrsmittel, und auf den Straßen sah man vor allem Pferdewagen.

Reisekleidung und Gepäck

Auswahl und Umfang des Gepäcks fiel abhängig von Geldbeutel und der Art des geplanten Unternehmens stets sehr unterschiedlich aus. Ein wandernder Handwerksbursche kam mit Hut, Stock, Mantel und einem verschnürten Bündel für seine übrigen Habseligkeiten zurecht, sozusagen der klassischen Reiseausrüstung. Wer um 1800 mit dem Privatwagen fuhr, nahm den halben Hausstand mit: Bücher, Landkarten, Schreibzeug, Lampen, Waffen, Kleider, Wäsche, Frisier- und Rasierzeug, Geschirr, Vorräte und die Reiseapotheke. Es mußte ja für alle Fälle vorgesorgt sein. Vergessenes unterwegs schnell zu besorgen, war, wenn überhaupt, nur in Großstädten möglich. Im Verlauf des 19. Jahrhunderts kam immer mehr Spezial-Reiseausstattung in die Geschäfte, zunächst ausgesprochene Luxuswaren wie Picknickkoffer und Reiseschreibzeuge aus kostbaren Materialien. Dann aber auch konfektionierte Reisebekleidung und Behältnisse aller Art: Körbe, Koffer, Taschen, Hutschachteln und mehr. Leicht, klein und unzerbrechlich mußte es sein. Wenn einfache Leute mit Kind und Kegel für längere Zeit entfernt wohnende Verwandte besuchten, was natürlich nicht alle Jahre vorkam, rüsteten sie sich wie Auswanderer. Diese Vorbereitungen traf um 1900 eine Familie aus Wilster, Mutter, Opa und drei Kinder, die mit der Bahn vierter Klasse nach Ostpreußen wollte: *„Zwei Schloßkörbe, ein großer und ein etwas kleinerer wurden angeschafft. In den großen Korb kam unsere Kleidung, Unterwäsche für je 3 Wochen, für alle die alten Schuhe, die neuen hatten wir für die Reise an. Opa seinen alten Stadtanzug, wenn er was bei der Bank mit seinen Wertpapieren zu regeln hatte. Den neuen hatte er an. Mama hatte das Sonntägliche an. Vorsorglich hatte sie paar Sofakissen eingepackt und eine Wolldecke. In den etwas kleineren Korb kamen unsere Fressalien: Braune Kuchen mit Butter, die Großmutter frisch gebuttert hatte, 1 Kruke mit Schmalz, 1/2 Wilstermarsch-Käse, 2 Mettwürste, ein großes Stück Schinken. Mehrere Schwarzbrote. Ein großes Holzbrett, ein großes, paar kleinere Messer, Blut- und Leberwurst, die wir zuerst aufaßen, weil Sommer war. Für jeden eine mit Namen versehene Emaille-Tasse, ein großer Krug und eine Kanne auch aus Emaille, damit uns nichts kaputt ging. Denn wir waren 3 Tage auf der Eisenbahn. Papa gab uns 4 Flaschen Limonade und diverse Flaschen Brause mit. Die Limonaden-Flaschen wurden in den Strohhüllen verstaut, die von den Weißwein-Flaschen herrührten. Nun war alles reisefertig.“*

Ein Abschnitt aus einem Reisebericht von 1812 macht deutlich, worauf es bei der Reisekleidung in erster Linie ankam. Herr Schütze saß auf einem offenen Fracht- oder Postwagen, zusammen mit einer Witwe und deren Kinde: *„Auch verstummten wir bald; ein schneidender Wind blies uns an; heftiger Regen drang mir durch eine dreifache Kruste von Überröcken bis aufs Hemd – so geweicht und durchnäßt erreichten wir das Ufer des Fehmarschen Sun-*

Abb. 40 Reisende im Bahnhof Klosterkrug um 1860. Zeichnung von Christian N. Schnittger.

des. Unmuthig sprang ich vom Wagen, warf mich ins Fährhaus, in eine Ecke des Zimmers auf die Bank und rief. Das ist doch ein verwünschtes Wetter!" Die Anforderungen an Reisebekleidung sind bis heute im Prinzip gleich geblieben: leicht, strapazierfähig und wetterfest zugleich soll sie sein. Die Devise lautete bereits bei Knigge im 18. Jahrhundert: „*Man kleide sich bequem! Ein ungemächlicher Anzug macht unbehaglich, ungeduldig und müde.*"

Die Details des Reisekleides, das für ihre Wagenfahrt von Niedersachsen nach Meldorf gemacht werden sollte, erörterte Luise Mejer 1784 eingehend in ihren Brautbriefen an Heinrich Christian Boie, den zukünftigen Ehemann. Boie schlug vor: „*Willst Du Dir nicht ein Reitkleid von Halbtuch für die Reise und rauhe Witterung machen lassen? Stehen, dächt ich, müßt es Dir vortrefflich.*" Luise hatte sich auch schon so etwas gedacht: „*Ein braunes*

Abb. 41 Ein Reisekorb aus Weide von 1837. Körbe sind leicht und waren als Reisegepäck beliebt, bevor Kunststoffe auf den Markt kamen.

Reitkleid zum Reisen, auch einen Überrock werde ich tragen." Boie gefiel die Farbe nicht, er schlug „*olivengrün*" vor. Luise hatte Einwände: „*Olivengrün ist recht hübsch, aber zu einem Reise-Kleide wirklich zu delikat. Liebst Du die braune Farbe nicht, magst Du vielleicht grau leiden?*" Auf welche Farbe die Wahl zuletzt fiel, erfährt der heutige Leser der Briefe leider nicht: „*Hier hast Du eine Probe Tuch von meinem Reisekleide. Nicht um der jetzt neuen Farbe willen hab ichs genommen, aber ich liebe sie vorzüglich, und dunkel muß ein solches Kleid sein.*" Im folgenden Brief schrieb Luise: „*Ich habe nur an die Ärmel und in der Taille zwei Knöpfe genommen, mit demselben Tuch überzogen, um nicht gegen die dortige Kleiderordnung zu sündigen, die die*

Abb. 42 Vielleicht hat die Familie mit der großen Kiste Ferien in einem Badeort an der Flensburger Förde gemacht und ist auf der Rückreise nach Hamburg oder Berlin. In Ekensund. Ausschnitt aus einem Ölgemälde von A. Petersen, um 1900.

blanken Knöpfe ... verbietet." Nachdem das umständliche Geschäft mit dem Kleid endlich abgeschlossen war, ging es an die Überkleidung: „*Mit einer der nächsten fahrenden Posten schick ich Dir ein paar Stücke Gingang, die ich von der Schlegeln bekomme, zu einem Reisemantel, den Du so einrichten lassen mußt, daß er am Hals und bei den Ärmeln geknöpft werden kann, damit er dich ganz bedecke und einhülle.*"

Die englischen Touristen waren es, deren Kleidung schließlich stilbildend auf die Reisemode wirkte. Man verwendete warme, wenig knitternde Wollstoffe aus Tweed oder mit Karos, auf denen Flecke nicht gleich ins Auge fallen. Dazu trug man Schuhe mit flachem Absatz. Am Ende des 19. Jahrhunderts hieß diese Zusammenstellung „Sportkostüm". Neben Stock und Schirm trug man ein Plaid bei sich, die Reisedecke mit Schottenkaro. Sie steckte entweder in einer Hülle oder war aufgerollt mit einem Trageriemen darum. Eine „Reiseschule für Touristen und Churgäste" von 1872 zählt spaßeshalber einmal auf, wie vielseitig der Plaid angeblich von Reisenden eingesetzt wurde: „*Zum Schutz gegen Kälte, Regen, Wind, Sonne, Menschenaugen, als Mantel, Ueberrock, lang talarartig über den ganzen Körper oder kurz gefaltet für einzelne Theile, beides in verschiedenen Variationen, als Poncho (mit einem Schnitt in der Mitte, um den Kopf durchzustecken, und Knöpfen), als Schoosdecke, Fußsack, Bettdecke, Bettuch, zum Ersatz oder zur Erhöhung des Kopfkissens oder Bedeckung eines unsauberen Kissens oder Lakens, gerollt oder zusammengeschlagen zur Erhöhung niedriger Sitze beim Schreiben und Clavierspielen, als Polster für kalte Steine, nassen Rasen, als Sattel zum Reiten, gerollt als Schlummerkissen, einen Zipfel über den Kopf gezogen als Mütze, im Freien lang ausgebreitet als Schutz gegen Feuchtigkeit oder Ameisen beim Liegen, als Schirmwand, Zeltdecke, Gardine für Stuben- oder Wagenfenster, als Segel, geschnitten als Cholerabinde, mittels Bindfaden läßt er sich auch zum Tournister umgestalten oder zum Seil winden, um daran einen Felsen hinabzuklettern, endlich noch als Handtuch, Kehrbesen, Kaffeesieb, Wasserfilter und Trinkbecher.*" Der Plaid, „*das universale wirkliche Reisenecessaire*".

Wer in die schleswig-holsteinischen Badeorte fuhr, mußte vor allem einpacken, was in dem jeweiligen Sommer modisch der letzte Schrei war, um auf der Promenade eine gute Figur zu machen. Sportliche Leute durften Badekostüm und Wanderschuhe nicht vergessen. Um 1900 fand man manchmal auch Hilfestellung im Reiseführer, was die Auswahl der Bekleidung anging: „*Bei Schiffsreisen versehe man sich vor allem mit warmer Kleidung, auch bei dem heissesten Wetter; für längere Fahrten ist die Mitnahme von Winterüberkleidung, Tüchern oder Decken durchaus anzuraten; auf See ist es stets kühl, nach Sonnenuntergang oft empfindlich kalt. – Als Kopfbedeckung ist eine festsitzende Mütze zu empfehlen, auch für Damen; die Mitnahme eines Fernglases ist wünschenswert.*"

Fahrradfahren

Das Fahrrad war am Ende des 19. Jahrhunderts als neues Transportmittel stark im Kommen. Zunächst exklusives Sportgerät, wurde es bald auch für „kleine Leute" erschwinglich, vor allem, wenn man sich auf dem Gebrauchtmarkt umsah. Aus dem Draisschen Laufrad entwickelte Michaux in Frankreich ein Zweirad, betrieben mit einer Tretkurbel am Vorderrad. Dieses neue Fahrzeug, noch in solider Stellmacherarbeit aus Holz mit Eisenbeschlägen, fand in Windeseile Verbreitung und beschäftigte die schleswig-holsteinischen Behörden. In einem amtlichen Bericht aus dem Jahr 1869 war zu lesen: *„Der Gebrauch der Velocipeden ist am ausgedehntesten in der Nähe von Hamburg und im westlichen Holstein, jedoch sind, soweit hieselbst bekannt, erhebliche Unglücksfälle hiedurch nicht entstanden. Bei Kaacksburg sind die Pferde vor einem Landfuhrwerk durch das Vorbeifahren einer Velocipede scheu geworden und bei Altona ist das Rad einer Velocipede einer ältern Dame über den Fuß gegangen, in beiden Fällen ist aber ein weiterer Schaden nicht angerichtet worden. Wenn nun auch seither keine Unglücksfälle durch die Velocipeden veranlaßt sind, und es überhaupt fraglich erscheint, ob diese Beförderung mehr als eine bloße Spielerei und derselben in Zukunft eine praktische Seite abzugewinnen sein wird, so lassen doch die obengedachten Vorfälle die Anwendung einiger Sicherheitsmaaßregeln räthlich erscheinen, und möchte es sich daher empfehlen eine polizeiliche Verfügung dahin zu erlassen: 1. Daß Kindern und ungeübten Personen das Befahren der öffentlichen Wege mit Velocipeden verboten werde. 2. Daß die Velocipeden-Reiter beim Begegnen eines Fuhrwerkes demselben rechtzeitig auszuweichen, die Geschwindigkeit zu mäßigen und nöthigenfalls anzuhalten haben."* Tatsächlich wurden in Folge überall in Schleswig-Holstein für Ortschaften und öffentliche Landstraßen Radfahrerverordnungen erlassen. Damit wollte man *„Leben und Gesundheit"* der übrigen Verkehrsteilnehmer schützen, wie man etwas dramatisch ausdrückte.

Aus Eisen, mit Übersetzung, einem im Verhältnis zum Hinterrad riesenhaften Vorderrad und Gummibelag der Felgen war das Fahrrad gegen 1880 technisch so weit, daß trotz der oft ungeeigneten Straßen weite Touren von 50, 100 oder noch mehr Kilometern an einem Tag gefahren werden konnten. Im Sommer 1889 las man im Meldorfer Anzeigeblatt: *„In Folge der anhaltenden, überaus schönen Witterung ist in diesem Jahre der Velocipedenverkehr ein ganz bedeutender, so daß man zahlreiche Touristen als Radfahrer antrifft."* Das stolze Hochrad erforderte allerdings einen sportlich durchtrainierten Körper und viel Balancegefühl.

Kurz vor der Jahrhundertwende kam das unkomplizierter zu fahrende Niederrad mit Kette und wurde schnell zum weit verbreiteten Sportgerät, Beförderungsmittel und Reisegefährt, einem richtigen Volksfahrzeug. Wie

Radfahrer-Verein Eckernförde

von 1887.

Programm.

1. Radfahrermarsch.
2. Bannerreigen.
3. Niederrad-Solo von **Jenny Dassler,** besten Niederrad-Kunstfahrerin der Gegenwart.
4. Herren-Reigen, gefahren von 8 Mitgliedern des Radfahrer-Vereins „Favorit"-Kiel.
5. Niederrad-Solo von **Alban Dassler.**
6. Gemischter Reigen, gefahren von 4 Damen und 4 Herren des Schlesw. R.-V. von 1886.
7. Knaben-Reigen, gefahren von der Jugendriege des R.-V. Eckernförde von 1887.

— 15 Minuten Pause. —

8. Herren-Reigen, gefahren von 6 Mitgliedern des R.-V. Eckernförde von 1887.
9. Damen-Reigen, gefahren von 6 Damen des Bicycle-Clubs Rendsburg.
10. Niederrad-Duett von **Jenny** und **Alban Dassler.**
11. Herren-Reigen, gefahren von 6 Mitgliedern des Schleswiger R.-V. von 1886.
12. Die Post, gefahren von der Jugendriege des R.-V. Eckernförde von 1887.
13. Hohes Einrad-Solo und -Duett von **Jenni** und **Alban Dassler,** sowie alle Radgattungen als Einrad, Kleinrad, Blossesrad, Eirad, Wagenrad, Speichenrad, Radreifen.
14. Das gestohlene Rad, urkomische Scene, gefahren von Herrn Fritz Erich, Mitglied des R.-V. Favorit-Kiel.
15. Schlussmarsch.

Aenderungen des Programms vorbehalten.

W Spethmann, Eckernförde.

Abb. 43 Radfahrer machten nicht nur Touren auf der Landstraße, auch Kunstfahren im Gasthaussaal war sehr beliebt.

Abb. 44 Der Vorstand des Altonaer Bicycle-Clubs von 1869 in Pose für den Photographen.

viele andere Vergnügungen wurde auch der Radsport zunächst vorzugsweise im Verein betrieben. Radfahrervereine gründeten sich in jedem größeren Ort. Neben Rennen und Kunstradfahren hatten gemeinsame Ausfahrten ihren festen Platz im Vereinsleben. In Heide war die Radtour im Sommer 1893 ein Ereignis, über das in der Zeitung berichtet wurde: *„Der hiesige Radfahrer-Verein macht heute eine Clubfahrt nach Brunsbüttelerhafen. Der Verein, dem sich in Meldorf, Marne u. die dortigen Sportgenossen (Sportsmen) anschließen werden, wird in Brunsbüttelhafen mit den Itzehoer Radfahrern zusammentreffen.“* An der schleswig-holsteinischen Westküste war es vielleicht noch nicht soweit, aber in dieser Zeit eroberten sich auch schon Damen das Fahrrad, angetan mit weiten Pumphosen, was damals wirklich äußerst gewagt war.

Abb. 45 Anzeigen von Gasthäusern, die auf Radfahrer eingestellt waren, um 1900.

Wer am Fremdenverkehr verdiente, dem gerieten schnell auch die Radfahrer in den Blick. Manche Gasthäuser stellten sich auf die speziellen Bedürfnisse von Radfahrern ein. Wirte, die mit ihren Werbeanzeigen gezielt Radfahrer ansprachen, boten preiswert Quartier und hatten Verständnis für das öffentliche Auftreten in schmutziger Sportkleidung, am Ende des 19. Jahrhunderts noch keine Selbstverständlichkeit. Es gab jetzt spezielle Landkarten für Radfahrer, in denen Straßenqualität und Steigungen gekennzeichnet waren, um die Tourenplanung zu erleichtern. Auch Reiseführer nahmen Tips für Radfahrer auf. Zum Beispiel als Alternative zu einer Wanderung vom Bungsberg über Kirchnüchel zum Uklei: *„Diese Tour ist auch für Radfahrer ausführbar, jedoch nur für geübte Terrainfahrer mit guten Maschinen, da es anfangs auf Feldpfaden abwärts geht.“* Wieder war es das östliche Hügelland, das auch vom Fahrradsattel aus besonders reizvoll erschien: Im Jahr 1900 fuhr ein Journalist mit dem Rad zumindest teilweise dienstlich von Lübeck nach Eutin und hielt für seine Leser im Ruhrgebiet fest: *„Die Straße ist herrlich und durch einige Buckel noch interessanter; denn hat man die Höhe erreicht, so schwelgt das Auge in immer neuen, überraschenden Landschaftsbildern echt holsteinischen Wiesen- und Waldcharacters.“*

Tourismusindustrie

In der zweiten Hälfte des 19. Jahrhunderts wurde Reisen immer mehr zum Geschäft. Tourismus entwickelte sich von einer Einzelerscheinung zum Industriezweig. Viele verdienten daran, und die Art zu reisen änderte sich. Reiseführer, Routenkarten, Andenken, Reisen „von der Stange" der Reisebüros wurden auf den Markt gebracht. Betreiber öffentlicher Verkehrsmittel und Gasthausbesitzer stellten sich speziell auf Vergnügungsreisende ein. Werbung machte der Kundschaft die Ware schmackhaft. Reisen galt als Luxusgut, dessen Konsum erstrebenswert erschien, aber längst nicht für alle erreichbar war.

In früheren Zeiten kam man auf Reisen ohne die Hilfe von Einheimischen nicht aus. Sigismund Stille schrieb 1816 über Preetz: „*... die Menschen sind freundlich, und geben umständlich auf die Fragen der Reisenden Bescheid. So auch der gesprächige Wirth in Preez, als ich mich nach den interessantesten Gegenden zwischen hier und Travemünde erkundigte. Er hatte, als ein guter Menschenkenner, meinen Reisezweck bald errathen, und brachte mir, ausser einem lobenswerthen Frühstücke, auch noch ein topographisches Werkchen über Holstein mit einer guten Charte.*" Als Reiseführer in Buchform nahm man damals „Die vornehmsten Europäischen Reisen" von Krebel zur Hand, ein Werk, das noch aus dem 18. Jahrhundert stammte. Das beliebte Buch enthält auch ein Kapitel über Schleswig-Holstein. Die Angaben sind allerdings äußerst knapp gehalten, verständlich bei einem Europa-Reiseführer. „*Um dem Bedürfnisse einer brauchbaren Anweisung für Reisende in Dänemark und den zum Dänischen Staate gehörigen Herzogthümern abzuhelfen*", stellte der dänische Postbeamte Tregder 1824 ein nach Orten gegliedertes Handbuch für Reisende zusammen, das wie ein moderner Reiseführer vielfältige Informationen und Tips bot zu Geschichte, Kultur und Gebäuden, Verkehrsverbindungen, Gasthöfen, Zeitungen, Anstalten, Vereinen, Sammlungen, Künstlern, Handwerksstätten, Fabriken und Buchhandlungen, Spaziergängen, Aussichten und Vergnügungen sowie weiterführender Literatur. Im Laufe des Jahrhunderts erschienen immer wieder neue Schleswig-Holstein-Führer, hauptsächlich über den Osten des Landes. Um die Jahrhundertwende gab es eine große Auswahl an Büchern und Broschüren, auch von einzelnen Regionen und Orten. Städteführer von Woerl waren beispielsweise von Kiel und Umgebung, Altona, Lübeck, Rendsburg, Schleswig und Westerland erhältlich, und ein Reisebuch „Helgoland". Ohne Reiseführer in der Tasche machte sich bald kaum jemand mehr auf den Weg.

Touristenströme bewegten sich auf den beschriebenen Routen, suchten die vorgeschlagenen Ziele auf. Besondere Sehenswürdigkeiten wurden in den Rang eines touristischen „Muß" erhoben, die es abzuhaken galt. In Richters Ostholstein-Führer von 1900 waren folgende Hauptsehenswürdig-

Abb. 46 „Herrliches Wetter, Großartiges Amüsement, Deine Else".

keiten mit einem Sternchen gekennzeichnet: In Kiel das kulturhistorische Thaulow-Museum und die Kriegsschiffe samt Kaiserlicher Werft, der eiserne Aussichtsturm auf dem Parnass bei Plön, der Ukleisee, der Eutiner Schloßgarten und die Marienkirche in der Hansestadt Lübeck. Bis auf die Marine in Kiel, das seit der Übernahme Schleswig-Holsteins durch Preußen 1867 Hauptkriegshafen geworden war, sicherlich eine willkürliche Auswahl, die jeder Autor etwas anders getroffen hätte. Im Vorwort des Baedeker-Handbuchs 1885 heißt es: „*Es will den Reisenden in den Stand setzen, mit möglichst geringem Zeit- und Geldaufwand alle Sehenswürdigkeiten zu überblicken, ohne ihn mit bedeutungslosen Einzelheiten zu überhäufen.*" Selbständige Leute fühlten sich in ihrer Entdeckerfreude eingeengt. Über den „Führer durch die Umgegend der Ostholsteinischen Eisenbahn" wurde in einem anderen Reisebuch bissig vermerkt, daß er „in *allen Richtungen auf Schritt und Tritt den Wanderer zurechtweist, jede Entfernung, auch die geringfügigste, genau in Decimalzahlen berechnet …*".

Abb. 47 Werbung von Verkehrsvereinen um 1900.

Vielbesuchte Orte mit besonders schöner Lage oder heilkräftigen Quellen und Seebäder veränderten ihr Aussehen seit der zweiten Hälfte des 19. Jahrhunderts deutlich. Einrichtungen extra für Touristen gaben ihnen ein neues Gesicht. Hotels und Pensionen wurden errichtet, zum Teil mit modernstem städtischen Komfort: Gaslicht, Elektrizität, fließendem Wasser und Telegraf bzw. Telefon. Man legte Spazierwege und Promenaden an, stellte Ruhebänke und Pavillons auf, zum bequemen Naturgenuß, aber auch als Laufstege für Modenschau und Selbstdarstellung. Ein Reiseführer von 1913 spricht diese Entwicklung für verschiedene Ostseebäder an. *„1812 zogen hier die ersten Kurgäste in ein kleines Gasthaus ein, an dessen Stelle sich heute das elegante Elisabeth-Bad erhebt. Damals waren es nur wenige Gäste, die allerdings dafür auch jahrzehntelang immer wieder im Sommer angezogen kamen, weil die Erholung hier, inmitten einer biederen Fischerbevölkerung, ihnen gut tat. Heute sind es viele Hunderte, die alljährlich nach Haffkrug kommen.“* Über Niendorf heißt es: *„Fast eine Stunde lang zieht sich die Strandpromenade an der See hin, vorbei an blumengeschmückten*

Abb. 48 Postkarte aus dem Jahr 1898.

Balkonen der Hotels und Villen, zwischen denen sich dann und wann noch eine einfache Fischerkate findet, ein Nachbleibsel älterer Zeit." Damit die Gäste eine einfachere Anreise als den umständlichen Landweg hatten, bauten Niendorf, Timmendorf und Scharbeutz Dampferanlegebrücken.

Bereits um 1900 sah man, daß sich manche der aufstrebenden Urlaubsorte glichen wie ein Ei dem anderen. Geschätzt wurde aber ein Ortsbild, in dem sich Infrastruktur für den Fremdenverkehr und eine eigene, unverwechselbare Atmosphäre glücklich miteinander verbanden, beispielsweise Alt-Heikendorf bei Kiel: „*Der Ort hat gerade in jüngster Zeit mancherlei Verbesserungen aufzuweisen: Eine schöne feste Strandpromenade zieht sich von Möltenort nach Kitzeberg, gut gepflasterte Straßen sind angelegt, viele freundliche Häuser neu entstanden, elektrische Beleuchtung ist im ganzen Orte eingeführt – Trotzdem hat Alt-Heikendorf seinen ruhigen dörflichen Charakter bewahrt, es ist kein ödes, nur aus Strand und kahlen Häusern bestehendes Seebad, sondern ein hübsches, in hügeliger baumreicher Gegend gelegenes freundliches Dorf.*" Bei Malente wuchsen reine Urlaubsorte quasi aus dem Nichts. Gremsmühlen, „*einst nur aus einer malerisch gelegenen Wassermühle und einigen Bauernhäusern bestehend, ist der kleine Ort jetzt*

Abb. 49 Postkarte vom Westensee aus dem Jahr 1899.

eine beliebte Sommerfrische, die gern zu längerem Aufenthalt gewählt wird ... Als Knotenpunkt der Bahnlinien Kiel–Eutin und Lütjenburg ist seine Bedeutung für den Fremdenverkehr noch im Wachsen begriffen." Der Kurort „Holsteinische Schweiz" mit Eisenbahnstation und Dampferanlegestelle am Kellersee bestand mehr oder weniger aus dem gleichnamigen Hotelkomplex mit Park, Spazierwegen und Badeanstalt. Diese Sommerfrischen zogen wohlhabende Pensionäre an, die sich dort fernab der Städte Villen für einen geruhsamen Lebensabend errichten ließen. So entstanden schon am Ende des 19. Jahrhunderts durchorganisierte Urlaubslandschaften. Der Osten Schleswig-Holsteins sei das eigentliche „Touristenland" formulierte ein Reiseführer: „*Auf die ganze, reich und reizvoll gegliederte Uferlinie von Hadersleben im Norden bis Travemünde im Süden verteilen sich ungezählte, hier vornehmer, dort einfacher ausgestattete Badeorte, deren Verschiedenheit im Stil des Betriebs es der schleswig-holsteinischen Ostseeküste gestattet, den mannigfachsten Abstufungen der Ansprüche ihrer Gäste gerecht zu werden.*"

Abb. 50 Am Badestrand von Scharbeutz um 1900.

In den Ortschaften, für die sich der Tourismus zu einem wirtschaftlichen Standbein entwickelte, gründeten die Einwohner Organisationen zur wirkungsvollen Förderung des Fremdenverkehrs, meist einfach Verkehrs- oder Verschönerungsverein genannt. Vereinszweck war, Gäste anzulocken und deren Aufenthalt möglichst angenehm zu gestalten. Praktisch bedeutete es, mit Inseraten, Plakaten und Prospekten Werbung zu machen, ein Büro für Auskünfte und den Zimmernachweis einzurichten, Karten und Führer der Gegend herauszugeben, die Gastwirte im Auge zu behalten, ob ihr Preis-Leistungs-Verhältnis auch stimmte und Veranstaltungen zu organisieren. Um diese Arbeit zu finanzieren, wurde von jedem Gast „Kurtaxe" kassiert. Die Urlauber wollten beschäftigt sein, also bereitete man vorhandene Attraktionen auf oder hielt sich an den Kanon üblich gewordener Angebote für Touristen. In Segeberg setzte man auf den Kalkberg. *„Jetzt hat man Anla-*

Abb. 51 „Auf eine sehr imposante Weise ragt er kühn aus der Ebene empor. Ein, nur an blumenreiche Matten, und wallende Kornfelder gewöhntes Auge, erstaunt und erschrickt bei dem nähern Anblicke dieser weitläufigen Masse einer hoffnungslosen Unfruchtbarkeit." Segeberger Kalkberg um 1830. Lithographie nach einer Zeichnung von J. J. Hörup.

gen geschaffen, Bäume und Sträucher in das Erdreich gesenkt und nach dem Gipfel hinauf und an den Abhängen breite, in den Fels gehauene Treppen und Wege angelegt. Ausgehauene Nischen, mit Gebüsch umpflanzt und mit Tischen und Bänken versehen, laden zur Rast ein. Auf einem Plateau vor dem letzten Aufstieg steht eine kleine Sennhütte; sie birgt das Fremdenbuch und aus Kalkstein gefertigte Sächelchen, die dem Wanderer zur Erinnerung an den grauen Riesen angeboten werden." Fast überall gab es Ruder- und Segelbootsverleih, Ausflugsdampfer, Angelplätze, Lawn-Tennis, Konzerte, Theater, Reunion (Gesellschaftsball), Lesezimmer, Vorträge, Feuerwerk, Blumen- und Lampionkorso, Feste mit Versatzstücken aus der regionalen

Abb. 52 „Was möglich ist, ist hier auch geschehen. Die Anpflanzungen sind gelungen, und die Spaziergänge einladend. Das Badehaus zu warmen und künstlichen Bädern liegt unmittelbar am Strande, und ist gut eingerichtet, welches Lob die Wohnungen für die Badegäst noch ganz besonders verdienen." Das Seebad Travemünde auf einer kolorierten Lithographie nach F. Elias, um 1830.

Volkskultur. Soviel Animation wurde manch einem zuviel. „*Neustadt und Pelzerhaken wollen jenem Badepublikum dienen, das am Strande des Meeres wirkliche Erholung sucht, das in beschaulicher Ruhe leben will, ohne von der Kurverwaltung von Vergnügen zu Vergnügen gehetzt zu werden. Natürlich gibt es regelmäßige Kurkonzerte!*" So war aus Abgelegenheit vom Touristenstrom plötzlich eine Qualität geworden, die auf bestimmte Reisende anziehend wirkte. Um 1900 pries ein Reiseführer die Insel Fehmarn, damals noch ohne Brückenschlag zum Festland, aus diesem Grund als „*recht lohnendes Reiseunternehmen*" das der „*Böttchersche Extradampfer*" von Kiel aus 3 x wöchentlich als Ausflug mit 6 Stunden Aufenthalt anbot. „*Wenn auch hervorragende Naturschönheiten dem sehr fruchtbaren, aber an Wäldern und Gewässern sehr armen Ländchen fehlen, so hat doch der Aufenthalt dort für den Fremden vieles Anziehendes: die gastfreie und bei näherer Bekanntschaft sehr herzliche Bevölkerung hat sich bei ihrer Abgeschlossenheit noch manchen Zug von alter biederer Art bewahrt;*"

Freitag, den 13. Juni 1902:

Concert

des Musikcorps des Füs.-Regts. ‚Königin‘

(Schlesw.-Holst.) No. 86. Dirigent: Ed. Funck.

Programm.

I. Teil.

1. Triumph-Marsch a. d. Op. „Aïda“ . . . . . . *Verdi.*
2. Ouverture z. Op. „Fra Diavolo“ . . . . . . *Auber.*
3. Schmeichelkätzchen, Salonstück . . . . *Eilenberg.*
4. Valse chromatique . . . . *Kockert.*

II. Teil.

5. Ouverture z. Op. „Tell“ . . . . *Rossini.*
6. Volksscene a. d. Op. „Der Evangelimann“ . . . *Kienzl.*
7. Zwei Motive a. d. Op. „Benvenuto Cellini“ . . . *Berlioz.*
8. Rondo à capriccio . . . . *Beethoven.*

III. Teil.

9. Ouverture z. Op. „Die Felsenmühle“ . . . . . *Reissiger.*
10. Fantasie a. d. Op. „Lohengrin“ . . . . *Wagner.*
11. Selection a. d. Optt. ,,The Belle of New-York“ . *Kerker.*
12. Trau — schau — wem! Walzer . . . . . . *Strauss.*

J. B. MEYER, FLENSBURG.

Abb. 53 Konzertprogramm.

Abb. 54 Ein Spektakel für die Touristen – die Grottenbeleuchtung auf Helgoland: „An den Wänden und Decken der Höhlen bilden sich die abenteuerlichsten Schattenbilder, welche sich die Phantasie nur erdenken kann. Die ganze Badegesellschaft ist dabei in Booten versammelt, auf denen hier und da kleine Privatfeuerwerke und bengalische Flammen abgebrannt werden, und Musik und Lieder in die Nacht schallen.“ Holzstich, um 1850.

Durch die Errungenschaften der Industriezeit hatte sich die Welt seit der ersten Hälfte des 19. Jahrhunderts stark verändert. Der Abstand zum althergebrachten Lebensstil war durch moderne Technik und eine ganz neue Warenwelt groß geworden. So groß, daß noch existierende Relikte schon wieder interessant und erhaltenswert erschienen. Für einen Reiseführer war es kein Nachteil mehr, wenn ein Städtchen abgelegen und altmodisch war. *„Husum besitzt eine Fülle von stimmungs- und charaktervollen Bauten und Winkeln und an den Hauptmarkttagen kann der Fremde noch heute hoch- und niederdeutsche, friesische und plattdänische Sprache hören, während im Hafen die Ewer und Halligboote der Inselfriesen liegen, deren Frauen wohl noch in ihrer uralten silbergeschmückten Tracht, das reichgestickte Seidentuch turbanartig um den Kopf geschlungen, durch die alten Hafengassen schlendern."* In diesen Zusammenhang gehören auch die Gründungen kulturhistorischer Museen, deren Besuch seitdem eine typische Urlaubsaktivität darstellt. Viele Museen gingen aus Privatsammlungen von Kunstgegenständen, Altertümern oder Naturalien hervor. Wenn bekannt war, daß deren Besitzer ihre Kollektionen bereitwillig interessierten Reisenden vorzeigten, waren sie seit jeher ein Anziehungspunkt. Zu Kiel fand man 1850 die Information: *„Auch für Sammlung und Aufbewahrung vaterländischer Alterthümer, an denen die Herzogthümer reich sind, hat man Sorge getragen und zu diesem Behufe ein Museum in der vlämischen Straße angelegt, das regelmäßig Sonnabends unentgeltlich geöffnet wird. Reisende, deren Zeit einen längeren Aufenthalt nicht erlaubt, erhalten jederzeit bereitwilligst Zutritt."* Das waren die Anfänge des Thaulow-Museums, dessen Bestände sich heute im Schleswig-Holsteinischen Landesmuseum in Schleswig befinden. Auch viele kleine Orte eröffneten ihr Museum: *„Äußerst sehenswert ist das Museum Fehmarnscher Altertümer, in der Hauptstraße, in der Nähe der Kirche belegen. Schöne, zum Teil sehr wertvolle Sachen, Trachten und Schmuckgegenstände, Fayencen und andere Erzeugnisse der Töpferkunst; Silberschatz der über 400 Jahre alten Bürger-Kompagnie. (Besichtigung nach vorheriger Anfrage beim Kustos, Lehrer Voss, Mittwochs und Sonnabends nach 2 Uhr, Sonntags jederzeit)."*

Am Ende des 19. Jahrhunderts hatte der Tourismus einen derartigen Umfang angenommen, daß die Holsteinische Schweiz im Sommer *„schier übervölkert"*, *„von Fremdenverkehr überflutet"* erschien. Ein Reiseführer warnte vor dem Andrang am Ukleisee: *„Manchen wird, namentlich an Sonntagen, die Masse der Sonntagswanderer nicht zum rechten Genuß kommen lassen. – Am besuchtesten ist natürlich der vordere Teil des Sees, dort die Angelbrücke."* Trotzdem hatte immer noch nur ein geringer Teil der Bevölkerung Deutschlands die Möglichkeit zu einer längeren Urlaubsreise: Selbständige, leitende Angestellte und Beamte. Das Reichsbeamtengesetz von 1873 gewährte zunächst den Staatsdienern einige Tage unbezahlten Ur-

Abb. 55 Bahnhof in Rendsburg. Das Bild ist gemalt worden, bevor der Rendsburger Bahnhof fertig war: Frachtwagen auf den Landstraßen, Lastensegler und die neugebaute Eisenbahn ergänzen sich in der Phantasie des Künstlers in idealer Weise zu einem Verkehrsnetz. Ölgemälde von Charles Ross, 1846.

laub. Ähnliche Regelungen folgten bei den Angestellten. Für Arbeiter in Industrie und Landwirtschaft sah es noch lange trübe aus: Um den Lebensunterhalt ihrer Familien zu sichern, mußten Männer, Frauen und Kinder täglich bis zu 12 Stunden hart arbeiten. Frei waren nur die Sonn- und Feiertage. Urlaub nach Tarif wurde erst seit 1918 von den Gewerkschaften im Arbeitskampf gefordert. 1963 garantierte das Bundesurlaubsgesetz einen Mindesturlaub für jeden Arbeitnehmer. Bis dahin war es am Ende des 19. Jahrhunderts noch ein langer Weg. Die einzige Möglichkeit, in bescheidenem

Abb. 56 Der Ukleisee bei Sielbeck um 1810. Ölgemälde von Ludwig Philipp Strack.

Maße am Tourismus teilzunehmen, war für die meisten der Sonntagsausflug mit der Familie oder Vereinskameraden ins Grüne. An Pfingsten setzte sich eine regelrechte Völkerwanderung in Bewegung. Die Eisenbahn hatte sich mit verbilligten Wochenendkarten und Sonderfahrten darauf eingestellt.

Reisebeschreibungen aus Schleswig-Holstein

Deneken, Arnold Gerhard, Reise von Bremen nach Hollstein, Bremen 1797

Gregers, Eine Reise von Fehmarn nach Kopenhagen und Faxö im Jahre 1821, in: Die Heimat 77 (1970), S. 216–218, 245–248

Frehse, Heinrich, und Thode, Thomas (Hg.), Fußreise durch das östliche Holstein 1817, Kiel 1989

Hanson, Peter Treschow, Reise durch einen Teil von Sachsen und Dänemark, Altona 1813

Humboldt, Wilhelm von, Tagebuch von seiner Reise nach Norddeutschland im Jahre 1796, hg. von Albert Leitzmann, Weimar 1894

Jaegermann, Christian Martin David, Reise durch Holstein, Hannover, Sachsen, Brandenburg, Mecklenburg und Lauenburg im Jahre 1817, Hamburg 1820

Lichtenberg, Georg Christoph, Briefwechsel, hg. von U. Joost und A. Schöne, Bd. 1 1765–1779, München 1983

Meyer, Friedrich Johann Lorenz, Darstellungen aus Norddeutschland II, Sommerreise in Holstein, 1815, Neudruck Kiel 1977

Niemann, Karl, Tagebuch, geführt auf einer Reise nach Seeland und Beschreibung des ersten Cronburger Forstdistrikts im Sommer 1822 (gebundene Handschrift in der Schleswig-Holsteinischen Landesbibliothek)

Momsen, Ingwer Ernst, Von Tönning nach Jena im Herbst 1822. Johann Friedrich Clasens Beschreibung seiner Reise ins Studium, in: Nordfriesisches Jahrbuch 11 (1975), S. 45–63

Piehl, Hinrich Peter, Reisebericht aus dem Jahre 1833, Brunsbüttel–Kiel–Hamburg–Berlin und zurück aus dem Tagebuch des Landesbevollmächtigten Hinrich Peter Piehl, Brunsbüttel (1778–1841), in: Festschrift 5 Jahre Briefmarkenklub Brunsbüttel, Brunsbüttel 1970, S. 21–37

Schrader, Friedrich Nicolaus, Reise nach Bordesholm und Kiel im Sommer 1831, Bordesholm 1985

Schütze, Johann Stephan, Humoristische Reisen, Hamburg 1812

Stille, Sigismund, Die Fahrt nach dem Ugley, 1816, Neudruck Kiel 1976

Taillefas, J., Skizzen einer Reise nach Holstein, besonders der Probstey Preetz im Sommer 1817, Hamburg 1819, Neudruck Kiel 1976

Schleswig-holsteinische Reiseführer

Krebel, Gottlob Friedrich, Die vornehmsten Europäischen Reisen, wie solche durch Deutschland, die Schweitz, die Niederlande, England, Portugall, Spanien, Frankreich, Italien, Dannemark, Schweden, Ungarn, Polen, Preußen und Rußland anzustellen sind, mit Anweisung der gewöhnlichsten Post- und Reise-Routen, Hamburg **1767**

Tregder, Eiler Hagerup, Handbuch für Reisende im Königreich Dänemark und in den Herzogthümern Schleswig, Holstein und Lauenburg, Kopenhagen **1824**

Warnstedt, Friedrich v., Die Insel Föhr und das Wilhelminen See-Bad, Schleswig **1824**

Marston, James Edward, Der Holsteinische Tourist oder Wegweiser für Fußreisende in der Umgegend von Hamburg, Hamburg **1833**

Unentbehrlicher Begleiter für Eisenbahnreisende auf König Christian VIII Ostseebahn zwischen Altona und Kiel, Altona **1844**

Wachsmann, C. von, Helgoland, Ein Büchlein zur Begleitung von Lust- und Badereisenden, Dresden und Leipzig **1844**

Biernatzki, Hermann, Taschenbuch für Reisende in den Herzogthümern Schleswig, Holstein und Lauenburg, Altona **1847**

Hansen, Christian Peter, Insel Sylt wie sie war und wie sie ist, Ein Handbuch für Badegäste und Reisende, Leipzig **1859**

Schrödte, Immanuel, Die Nordsee-Insel Föhr und ihr Seebad, Eine kurzgefaßte medicinisch-topographische Beschreibung zum Gebrauch der Badegäste, Hamburg **1866**

Fack, Max Wilhelm, Kiel und seine Umgebung, Kiel **1867**

Bruhns, E., Führer durch die Umgegend der Ostholsteinischen Eisenbahn, Eutin **1868**

Markus, M., Das Nordseebad Westerland-Sylt, Hamburg **1877**

Schmarje, Johannes, Führer durch das Oestliche Holstein und die schönsten Gegenden der Ostküste Schleswigs, Hamburg **1880**

Baedeker, Handbuch für Reisende: Mittel- und Nord-Deutschland, **1885**

Heinrich, Claus, Handbuch für Reisende, Teil 1: Ostholstein, Kiel **1885**, Teil 2: West- und Mittelholstein, Kiel **1886**, Teil 3: Ostschleswig und die dänische Grenze, Kiel **1889**

Lorentzen, S., Führer Ostseebad Glücksburg, o. J. (nach **1887**)

Touristen Führer durch die Stadt Flensburg und ihre Umgebungen, namentlich die Ostsee-Bäder Glücksburg, Gravenstein und Kollund, Flensburg **1888**

Nordseebad Büsum, hg. v. Badeverein, Hamburg **1891**

Woerls Reisehandbuch, Führer durch Kiel und Umgebung, Würzburg, Wien **1892**

Richters Führer Ostholstein, mit Ratschlägen für Radfahrer, Hamburg **1900**
Fahrten- und Handbuch des Gau 31 Schleswig-Holstein des Deutschen Radfahrer-Bundes, Schleswig **1900**
Krögers Führer durch die Holsteinische Schweiz, Mölln, Ratzeburg ..., Blankenese **1901**
Voss, Magnus, Fremdenführer Husum und Umgebung, Husum **1903**
Ravensteins Führer für Rad- und Automobilfahrer, Schleswig-Holstein u. a., Frankfurt a. M. **1903**
Die deutschen Ostseebäder, Berlin **1904**
Stohmeyer, Ernst, Schleswig-Holsteinisches Wander- und Reisebuch, Kiel **1905**
Führer durch die Schleswig-Holstein-Lauenburgischen Bäder und Sommerfrischen, **1913**

Abbildungsnachweis

Altonaer Museum in Hamburg: 2, 11, 14, 34, 41, 44, 56;
Asmus, Atlas zur SH-Verkehrsgeschichte, Neumünster 1996: 15, 39;
Das Gesicht der Heimat, Neumünster 1930: 13;
Dansk Jernbauemuseet, Odense: 55;
Großenasper Dorfchronik: 16;
Kreismuseum Prinzeßhof Itzehoe: 10, 19, 37;
Kreis- und Stadtarchiv Itzehoe: 38;
Magisterarbeit Frohriep: 5, 6;
Museum für Post und Kommunikation, Frankfurt a. M.: 9;
Nissenhaus Husum: 7, 32;
Schleswig-Holsteinische Landesbibliothek, Kiel: 1, 3, 15, 18, 22, 23, 24, 25, 26, 27, 28, 29, 30, 31, 33, 35, 45, 46, 47, 48, 49, 50, 51, 52, 54;
Schleswig-Holsteinisches Landesarchiv: 12;
Schleswig-Holsteinisches Landesmuseum, Schleswig: 4, 8, 17, 36, 40;
Städtisches Museum Flensburg: 42;
Volkskundliche Abteilung SH-Landesmuseum Schleswig: 20, 21, 43, 53;
Umschlagbild: Ausschnitt aus Abb. 7